컬러로 나를 찾아가는 길

걸으로 나를 찾아가는 길

그림·글 **우 선**

■ 글쓴이에 관해

추계예술대학교 한국화전공 / 경희대학교 교육대학원 / 윤월수 선생께 서예, 산촌 선생께 사군자, 계룡산 신원사 복례 스님께 탱화를 사사받았다.

대한민국평화미술대전 대통령상 수상, 프랑스미술협회 르쌀롱상 수상 외 입·특선 다수, 시인으로 등단, 노천명 문학상수상, 89년도 대학가요제 입상, 독집앨범 발표 연예계 활동, 재태한국대사관 초청 전시회 및 국내외 18회 개인전과 200여회의 그룹전에 참가 작품 활동을 하고 있다.

그외 한국의 맹인촌, 필리핀의 빈민촌, 태국의 교도소, 탈북자들의 친구가 되어 꾸준히 봉사활동을 해왔다.

대한민국신미술대전 심사위원, 아세아 국제미술제 초대작가, 아시아골프지도자협회 회장, ATPGA골프학교 원장, 민주평화통일자문위원, 골프와 그림에 관련한 글을 신문과 월간지에 기고하는 컬럼리스트로도 활동, 한국여행작가회의 부회장, 대학강단은 물론 상담과 강의 활동을 하고 있는 컬러전문가로 활동중이다.

■ 주요저서

· 나를 찾아 떠나는 여행
· 명상일기
· 벗을수록 아름답다 등 7권.

E-mail : tgolf@hanmail.net
blog.daum.net/1004woosun

| 서설 |

돈과 섹스
에너지균형에 대한
컬러이야기

이 땅에서 육신의 몸을 입고 사는 동안
가장 중요하고 중심이 되고 인간을 움직여 주는
핵심 동력이 바로 돈과 섹스이다.

이 중요한 부분을 불교와 기독교 등
여타의 종교들은 2천 년이 넘는 세월 동안
억압하거나 배제시켜온 큰 실수를 범해왔다.
이 땅에서 두 발을 땅에 딛고 몸이 살아가는 데 있어
가장 중요한 가치인데도 불구하고 종교에서는
영적 야망을 성취해 보겠다는 목적으로
수녀가 되거나 수도승 또는 사제라는 제도를 통해
성을 배재시켜왔다.

돈 문제 또한 청렴한 삶, 거룩한 영적성장이라는
목적 때문에 돈의 악한 이미지를 만들어
가난을 미화해 배제시켜온 것 또한 사실이다.
가난이 진정 청빈하고 아름다운 미덕이란 말인가.

우리 모두는 충분함이라는 풍요를 느끼면서
살아갈 자격과 권리를 똑같이 가지고 태어났지만
우리가 잘못 선택하고 세워온 가치기준으로 인해
불행을 스스로 자초한 세계 속에서 살게 됐다.

우리는 본래 빛으로부터 온 존재들이다.
컬러는 빛으로부터 왔고 빛이 없이는 색을 볼 수가 없다.
그 빛의 에너지가 일곱 색깔 무지개 색으로
우리 몸에 들어와 있고 색의 기능들은 몸의 호르몬,
감성과 감정, 영적, 정서적인 면에 이르기까지
많은 영향을 주고 있다.

그중에 빨간색은 우리 몸의 아랫도리 부분을 주관하는
동력에너지요, 생명에너지요, 물질에너지요,
우리 삶의 기초, 토대, 기반을 이루는 가장 중요한
터 닦이와 같은 삶의 뿌리 부분에 해당한다.
인간의 몸은 천기와 지기를 고루 받아
균형을 이루어야
바르고 건강한 삶을 영위해 나갈 수 있다.
하늘의 깨달음이라는 신령함만을 추구하는
보라색의 성향에 치우치거나
땅의 물질만능에만 치우치는 빨간색의 편협된 성향도
결코 인간을 온전한 행복에 이르게 할 수 없다.

하늘의 신령함을 지나치게 추구한 사람들은
아랫도리 빨강을 억압하고 배제시키면서
심각하게 병이 들어 있고
물질 만능주의에 치우쳐 돈이 전부인 양
쫓아다닌 사람들의 에너지도 중병이 들어
지금은 천기와 지기의 에너지 균형이
다 깨져버려 고통스런 체험뿐인 시절을 살고 있다.

영성과 물질세계를 조화롭게 하는
섹스에 대한 내적 에너지 균형을
우리 몸에 들어와 있는 일곱 색깔 무지개 컬러로
찾아가는 비밀을 이야기 하고자 한다.

태국 크리스탈베이 골프장에서
저자 우 선

C·O·N·T·E·N·T·S

|서설|

돈과 섹스 에너지균형에 대한 컬러이야기   2

1부

이 몸이 나인가 · 17

내 안에 흔들리는 에너지 균형 잡기 · 23

컬러 인체도 설명과 내적 성장 · 37

검정색 팬티를 10년 이상 입은 여자들은
100% 자궁암에 걸렸다는 산부인과 보고 · 43

빨간색 파장이 주는 생활의 활력 · 47

가장 좋은 사랑의 소통 방식 · 53

주황색의 힘 · 56

무조건 사랑하라 · 60

노랑과 핑크의 사랑시기 · 62

노란색으로 사는 사람들의 특징과 문제점 · 69

2부

섹스 오르가즘에너지를 통해 나에게 이르는 길 · 74

컬러와 우리의 몸 · 91

초록색의 가슴은 사랑이다 · 96

초록색의 사람들에게 · 103

사랑도 용기도 없는 사람은 초록색 가슴으로 다가가라 · 108

만나는 인연마다 · 116

사랑의 시련 · 118

삶은 내 앞으로 흐르는 강물 · 120

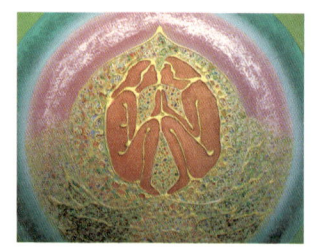

3부

애인 없으면 불구자 취급하는 한국사회 성문화 · 124

보지와 쟈지는 무슨 색일까? · 132

에덴의 사랑으로 가는 길 · 138

파랑을 사랑하자, 파란색의 영향력이란 · 143

만남 · 147

지구의 사랑방식에서 우주의 사랑 방식으로 전환해야 한다 · 151

파라다이스의 에너지란 · 161

일부일처 결혼 곧 없어진다 · 170

4부

남색을 타고난 사람은 점쟁이 저리가라 할 만한 신기가 있다고 할까! · 176

수승 화강의 원리를 적용한 패션으로 건강 챙기는 법 · 179

하나님도 정보다 · 183

우울한 눈물의 회색빛 · 188

핑크와 사랑 · 192

월요일에는 보라색을 입어라 · 199

원상화란 어떤 그림일까 · 202

5부

돈과 섹스 에너지균형에 대한 컬러이야기 · 211

나에게 충분함이라고 하는 건 무엇인가 · 226

나의 가치는 내가 정한다 · 231

내가 나의 주인이야 · 233

사랑에 대한 내 영혼의 욕구 · 242

막연하게 살지 말라 · 256

현실을 바꾸는 나만의 기술 · 259

|발문|

선험적·이색적이며 선구적인 꿰뚫어 봄 · 268

전규태 〈시인·문학평론가〉

1부

하필이면 우리 본향의 에너지를
섹스 안에 넣어 두셨을까.
내 삶을 행복하고 생기 넘치기 위한 생명에너지가
내 속에서 고갈되는 증상을 자각하지 못하고
원인도 처방도 스스로 할 수가 없는 오리무중의 삶은
이 땅에 와서 수 십 년을 살았어도 서툴고
명확하게 알 도리가 없는 방황하는 사람들에게 보내는
컬러 이야기

아프리카 춤 시리즈　　　2013년 作

이 몸이 나인가

사람은 일생을 살아가는 동안
자기 자신을 '이 몸'이라고 여기고 사는 사람과
자신을 '영적 존재로 인식'하고 사는 사람은
살아가는 방식도, 태도도, 자세도, 삶의 질적인 면에서도
모든 면에서 확연한 차이가 날 수밖에 없습니다.

몸 중심으로 사는 사람은
다칠까 두렵고, 못생겼거나 추한 평가가 두렵고,
아플까 두렵고, 죽을까 두렵고, 굶어서 고통스러울까 두렵고,
상할까 두렵고
그래서 분칠을 이쁘게 꾸미고자 하는 욕망으로
고난하고, 질 입혀 주고, 좋은 환경에 모셔줘야 하니
그만큼 삶이 짐이 되고, 외부로부터 상해를 입을까
늘 불안하거나 두려움에서 벗어나지 못합니다.
염려, 걱정, 근심, 두려움에 늘 노출된 상태로 살아가야 하니
불교에서 말하는 '인생의 고'라 한 것입니다.
본래 나는 자유로운 영혼인데
이 몸에 갇혀 있으니 갑갑합니다.

그리고 매사에 구차한 짓을 버리지 못하며
인정받고 싶은 욕구로부터 자유롭지 못하고
관심(칭찬, 박수, 축하)등을 구걸하게 됩니다.

그러나
자신은 '영적인 존재' 라 인식을 하고
사는 사람은 두려움이 없습니다.
걱정, 근심, 염려가 없습니다.
죽음도 그리 무섭지 않습니다.
남의 관심을 구걸하지 않는 마음의 넉넉함이 있고
자유롭습니다. 왜냐하면
자신은 이 몸을 벗어나도 그것은 죽음이 아니라
새로운 시작임을 알기 때문이며,
연연해하는 소인배의 심성을 쓰지 않습니다.
그래서 역사적으로 위대한 업적을 남긴 큰 사람
성인들이나
민족의 위인들은 죽음을 두려워하지 않고
많은 사람들을 구해내기 위해
만인의 유익을 위해서라면 자신의 몸을 던져
아낌없이 드릴 줄 아는
큰마음을 쓴 사람들이었습니다.
이 몸, 이 고깃덩어리를 위하여

우리는 너무도 많은 삶을 낭비하고 있습니다.
몸을 윤택하게 하는 시간과 마음과 물질과
수많은 에너지들을 어느 정도는 나눠서
자신의 영적, 질적, 성장, 성숙을 위해
사용할 수 있다면
아마도 이 세상은 지금보다는
상상할 수도 없을 만큼 아름답고 성숙한 사회가
될 것입니다.

성숙한 사람들은
미숙한 짓들을 안 할 수 있는
능력이 있는 사람들이기 때문입니다.
장성한 사람들은 스스로 책임지고 자신의 삶을
꾸려가는 기본적인 능력을 갖추었기에
남에게 붙어 겨우 살아가는 '겨우살이' 같은
거지 근성이 없습니다.
성숙한 사람들은
자신을 세우는 건 물론이고
다른 사람들도 도와서 세워줄 만한 능력이
있습니다.

몸만 컸다고 성숙한 어른이 아닙니다.

나이는 불혹의 나이, 이순이 넘었어도
여전히 어린아이처럼 미숙한 짓들을 하면서
이 세상을 더럽히고 여러 사람들을
고통스럽게 하는 이들이 너무도 많아서
우리 주변은 늘 불안하고, 두렵고
더럽고, 아픔들이 떠나질 않습니다.

텔레비전 뉴스 내용들은
몸만 어른이고 내면은 성숙하지 못해
물질만 탐하는 욕망에서 나온
수많은 사건 사고들은
이 세상을 향해 희망이 없는
두렵고, 불안한 사회를 보여줍니다.
탐욕으로 가득한 정치판, 성폭력과 살인이 횡행하고
경쟁에서 빚어지는 사건 사고들.

고깃덩어리 '이 육체' 중심으로 사는 삶의 모양새는
가져도 가져도 결핍을 느끼면서
미래에 대한 염려, 걱정, 두려움을 떨쳐 버리질 못합니다.
결코 자신을 성숙시키지 못해서 오는
불행 투성이뿐입니다.
나는 이 몸 고깃덩어리로 살다가

미생물들의 먹이로 끝나버리고 말,
잘 살아야 백 년뿐인
뭇 짐승들 같은
하찮은 존재로 생을 마감하려고 이 세상에
온 것이 결코 아닙니다.

우리가 이 몸을 입고 이 땅에 온 이유는
자신의 이 미숙함을 얼마나 더 성숙시키고
존귀한 나를 체험해 볼 수 있을까 해서
스스로 선택해 온 곳이 바로 여기입니다.

나보다 먼저 나서 살던 사람들이
몸 중심으로 물질만 좇아 산다 해서
나도 아무런 판단 평가 없이 수십 년을 따라
그들을 흉내 내며 살아 봤으면서
자각이 일어나지 않는 이유는 무엇입니까?

그런 식의 삶이 좋아서요?
그런 식의 삶이 옳아서요?
그런 식으로 안 살면 왕따가 될까 두려워서요?

이 몸을 비롯한 물질의 세계는
아무리 가져도 갈증뿐이고
죽을 때 가져가지도 못하지만
내 성숙된 내면의 세계는
영원히 내 것이며 누가 빼앗아 가지도 못하고
없어질 수도 없는 이것이 진짜 '내 꺼' 입니다.

영적 중심으로 사는
내 영혼을 윤택하게 하는 삶의 방식은
좀 덜 가져도 행복합니다.
좀 못생겨도 비참하지 않으며
친구들보다 덜 성공했어도
꿀리거나 비참하지 않으며
비싼 자동차나 큰 아파트가 아니어도
충분히 만족할 수 있습니다.
나는 이 땅에서 물질적 성공이나 소유를 위해
쫓아다니라고 태어난 존재가
본래부터 아니었기 때문입니다.

내 안에 흔들리는 에너지 균형 잡기

「인생을 살아가면서 나는 얼마나
다른 사람들을 필요하다고 느끼는가.

외로움의 원인이
함께할 사람이 없어서
생기는 것일까.

다른 사람들과 독립적이면서도
자유로운 관계성을 가질 수 있을까.

대부분의 사람들은 외로움의
해결책으로
친구나 연인 또는 배우자를 필요로 해서
나 아닌 밖에서 방법을 찾으려 한다.
이런 외로움의 해결 방식은
자신 안에 아픔과 상처들을
다른 사람의 책임으로 돌리고
자신은 피해자처럼 느끼게 만든다.

나의 외로움이나 공허함을 채우려고
관계를 맺는 시작부터
자신 스스로의 힘을 약하게 해버리는
잘못된 선택이 시작된다.

다른 사람에게서 나의 외로움을 달래고자 하고
다른 사람에게서 사랑과 안전함을 구할 때,
그것은
다른 사람에게
내 자신을 위한 에너지를 요구하는
것이 되며
그래서 갈등이 생기게 되고 그 후로는
이전보다 더 큰 외로움을 느끼게 된다.」

왜 사는 것이 힘들고, 외롭고,
조화롭지 못하며 평안이 없는 걸까.
우리 안에는 너무도 많은 걸림이 존재하고
그것 때문에 자주 생채기나 부하가 걸린다.

살맛이 안 나고 허무하다든가,
이렇게 존재하는 것이 공허하고
고통스럽기까지 한 이유도 알지 못한 채
혼자라는 게 때로 두렵기도 한 문제들.

내 삶을 행복하고 생기 넘치게 하기 위한
생명에너지가 내 속에서 고갈되는 증상을
자각하지 못하고
원인도 처방도 스스로 할 수가
없는 오리무중의 삶은
이 땅에 와서 수십 년을 살았어도 서툴고
명확하게 알 도리가 없는 사람들.

몸만 어른이지 내면의 나이는
미숙아에 머물러 있는 이유는
내 안에 있는 감정이라는 아이들을
수도 없이 생산만 해놓고 돌보지는 않으면서
스스로에 대한 책임이 없기 때문이다.

나는 자주
내 존재의 크기를 측정할 수가 없는
바다에 비유를 한다.

내면의 바다 속 깊이 들어가 보면
깊이도 넓이도 높이도 측량할 수 없을 만큼
광대하면서 고요하고 평화롭기 그지없는
세계가 있다.

그 안에는 무수한 아름다운 생명체들이
활동하며 조화롭게 살고 있고,
바다 표면으로 나오면 외부와 접해 있어
언제 불어 닥칠지 모르는 바람으로
늘 파도가 일렁인다.
눈으로 보고 듣는 저 바깥만을
쳐다보는 나는 늘 파도타기처럼 삶 전체가
흔들리고 위험할 때도 있지만 그건 표면일 뿐이다.
저 깊은 내면의 바다는 얼마나 평화롭고
여여한 모습인가.

나의 의식이 밖으로만 향해 있으면 늘 흔들리고
불안정하고 좁은 시야에 갇혀 작은 사람으로 살지만
나의 의식이 깊은 내면의 바다로 향해서
살아가고 있을 때
나는 그 누구도, 그 어떤 상황도
흔들어 놓지 못하는 큰 사람, 큰마음이 된다.

표면에서 껍데기로만 사는 방식에서 생겨나는
내 감정의 아이들은
내가 보는 대로 듣는 대로
상처받은 아이들을 지속적으로 내 안에 낳고 있다.

아이가 태어날 때는
남녀 두 사람이 만나 관계를 가질 때처럼.
나와 어떤 외부의 상황과 관계를 맺고
접하게 될 때마다 내 안의 감정들은
아기처럼 새롭게 태어난다.
분노로, 서운함으로, 미움과 노여움으로
배신감과 불안, 두려움 등 무수한
감정의 아이들이 생겨난다.

내가 누구랑, 어떤 상황과 마주 하면서
그 관계성에서 태어나는
나의 내면의 아이들인 것이다.

이렇게 오랜 세월 동안
무수한 아이들을 내 안에 생산해 놓고서
돌보거나 사랑으로 대한 적이 없이
무책임하게 방치해 온 것이 문제다.
그렇게 살아온 세월이 수십 년.
그 기나긴 세월동안 내 속에서 태어나 살고 있는
그 아이들은 한시도 가만있지를 않고
나를 지치고 힘들게 한다.
보채고 칭얼대고 관심과 사랑이 필요하다고
부담을 주고 때로는 생을 포기하고 싶을 만큼
고통을 주기도 한다.

이제부터 나이가 더 들기 전에
내 안에 있는 감정 에너지들의 균형을
잡아가야 하지 않겠는가.

이 생에 해결되지 못한 에너지는
죽을 때도 가져가고
그 해결 못한 숙제를 풀기 위해
다시 그 에너지를 안고 태어나
내 생명의 몫은 나만이 살아내야 하는
나의 숙명이며 운명이다.

이 몸도 재산도 갈 때 가져갈 수는 없지만
이 에너지 문제는 내 존재를 이루고 있어
분리가 될 수 없는 영원히 나와 하나다.

그래서 그 에너지는 내가 짊어지고
언젠가는 풀어내야 할 영원한 나의 숙제이다.

내 안에 상해 있는 무수한 감정에너지들은
본래 내 생명의 풍요와 행복을 위한 것이었지만
언제부터인가 외부 상황과 사람과 관계를
맺으면서 행복의 기능이 아닌
지치고 버거운 에너지로 변형되어 나를 억누르고
옭아매는 기능을 해왔다.

내 안에 이런 감정들은
관심과 사랑을 필요로 하고 있다.
필요하다고 하면 줘야하지 않겠는가.
어떻게 주는가.

나만의 시간과 공간을 가지고
마음을 고요히 가라앉힌 다음
가슴에 손을 살짝 얹고서
미안해 사랑해
그동안 내가 너희들을 이토록 많이 생산을
해놓고도 돌아본 적이 없어서 미안해.
이제부터는 너희들을 내 안의 식구로 수용하고
받아들여서 돌보고 사랑해줄게, 라고 해보자.

"미안해 사랑해"
미안해 사랑해 라고 반복하다 보면
눈물이 주르르 흘러내리면서
가슴은 뜨거워지고
내 안에서 치유가 일어나기 시작한다.
그동안 수십 년의 세월을 온통
정화시키는 작업이며
스스로 자가 치료가 일어나고 있는 중이다.

아우성을 치던 내면의 감정들. 이 아이들이
사랑과 관심을 받아 조용해지고 평안해진다.
좀 전까지만 해도 나를 힘들고 지치게 하던
그 감정들이 나에게 기쁨을 주는 아이들로
바뀌고 있는 중이다.

바다 깊은 속, 수를 헤아릴 수 없는 생명체들이
조화롭고 아름답게 유유자적 살아가고 있듯이
내 안 내면의 바다에도
수를 헤아릴 수 없이 많은 감정과 의식의
존재들이, 일생을 두고 쌓아두고 끌어들이고
만들어낸 생명체들이
내 안에서 살아가고 있는데 어찌된 일인지
내 안의 바다는 그동안 한시도 평안할 날이 없이
행복과 지복의 순간보다는
힘들고 불균형한 갈등으로
나를 뒤흔들어 왔던가.

그 이유는 내가 돌보지 않은
내 감정의 아이들에 대한 부모 노릇이
전혀 안 이루어졌기 때문이다.

이제부터 나는
어른, 부모로서 내 안의 감정들에
책임을 가지고 다루기 시작해야 한다.

나는 내 안에 무수한 감정들보다 큰 존재이고
그들의 부모처럼 책임자이고 주인이니까
이제부터 능숙하게 그들을 나의 일부로 인정하고
수용하고, 다독이고, 어루만져 사랑해 줌으로써
평화와 조화로움이 이뤄진
내 내면의 살림 꾸려가기가
제대로 되어가기 시작하는 것이다.

내면의 살림살이가 잘 되어야
바깥 집안 살림도 안정되게 해 나갈 수 있으며.
집안 살림이 잘 되어야 나라 살림도
맡아 보는 큰 사람이 되지 않겠는가.

어려서부터 내 안에서 일어나는 감정을
다루는 법을 배운 적이 없어
제멋대로 살아온 우리는
내면이 어지럽고 성숙하게 키워질 리 없는
환경에서 성장해야 했다.

그래서 몸은 성장하여 어른이 되고 이제는
곧 노인으로 접어 들어야할 나이인데도
내면은 미숙한 어린아이같이 불안정하게
흔들리고 조화롭지도 못하다.

이렇게 혼자 있음으로 흔들리는
에너지 하나 조절이 안돼서
누군가를 필요로 하는 결핍 증세는
내 자신을, 스스로를 세워야 할 에너지를
다른 사람에게서 구하고 있는 것이 아닌가.

이렇게 처음부터 잘못된 관계 설정으로
시작된다면 나는 누구를 만나도 불안정하고
행복한 관계를 이어가기가 힘들어진다는 걸
알아야 한다.

미안해 사랑해 하면서
내 가슴을 향해 사랑과 돌봄과 관심을
한 없이 주고 있을 때
내 안에서는 스스로 치료를 행하는 능력을
발휘하기 시작한다.

이렇게 자기 자신에게 사랑을 줄 수 있는 사람이
다른 사람도 사랑할 능력이 있으며
상처받은 다른 사람도 치유가 일어나도록
도울 수 있게 된다.

겉모습만 어른이지 어른으로 균형 잡힌
에너지를 가지고 살아본 적이 없는 우리는
노년이 되어서도 외로움과 흔들림과
우울증으로부터 자기 자신 하나를 세울 줄 모르는
껍데기만 어른으로 살고 있는 걸 하루 속히
극복해 보시길 바란다.

* 나 혼자 있을 때 균형 잡히지 못해
　　　　　　　　안정감 없이 흔들리는 에너지.

* 성적으로 방황하는 에너지.

* 너무 지나치거나 회피해버리는 책임감에 대한 에너지 균형감.

* 돈이 있어도 흔들리고 없어도 불안하게 흔들리는 에너지 균형감.

* 상황마다 서로의 관계성 속에서 감정에 상처를 내는
　　　　　　　　　　　에너지 균형.

* 인정받고자 하는 욕구에 흔들리는 에너지.

* 미래에 안전하고 싶은 욕구에서 나오는 불안정한 에너지 감각.

* 다른 사람들을 내 방식대로 조종하거나 지배하려는
　　　　　　　　　내적 에너지의 흔들림.

* 사랑하는 사람들을 잃었을 때 흔들리는 에너지.

내 안에서 이런 에너지들이 균형과 조화를 이루어
성숙하게 꽃을 피우고 살아볼 수만 있다면
나의 생은 지금이든 다음 생이든
활짝 피어난 한 송이의 꽃보다 아름다운 사람으로
평화로운 천국을 내 안과 밖으로 이루어 낸 존재가 되리라.
이것은 이루기 힘든 이상향을 말하는
이론이나 관념이 아니라
바로 지금 여기서 결단하고
내가 어떤 사람이 되고자 하는
선택의 문제이다.
하면 된다.

회피할 핑계거리를 찾아대고
게으름 피우며 미루고 있다면
내 앞으로 오는 모든 좋은 기회와
축복과 행운마다 그냥 놓쳐 버리는
어리석은 사람이 될 뿐이다.

고요한 나만의 시간과 공간에서
나의 가슴과 진솔하게 만나
가슴에다 손을 얹고 말하라.

Body 세포시리즈 부활　　　2007년 作

진심으로
미안해 사랑해
내 상한 감정의 아이들을
책임지고자 하는 겸손함으로
그대 가슴으로 다가가라.
기쁨, 가벼움, 평안이 주는
균형과 조화로움의
새로운 세계를
그대 안에서 만나게 될 것이다.

그대 생명의 꽃을
이제는 활짝 피워내라.
할 수 있다.
이거 하려고 우리는 지금 여기에 있다.

보라색의 여인   2005년 作

컬러 인체도 설명과 내적 성장

나의 몸에 들어와 있는 일곱 색깔 무지개가
가지고 있는 각각의 의미와 기능과
흐름을 보도록 하겠습니다.

1번 빨간색의 땅으로부터 시작해서
7번 보라색에 이르기까지는 하나의 인생 성장과정을
보여주는 여정과도 같아 보입니다.

그냥 도표 그림만 가만히 들여다보고 있어도 보이는
하늘과 땅과 내가(천지인) 다 들어가 있고
사람이 태어나서 이 땅에서 꼭 있어야할 성향들까지도
인간은 소우주라는 말이 꼭 맞는 말이라는 걸 증명이라도
하는 듯합니다.

우리 몸 안에 천지인 합이 모두 컬러로 들어와 있습니다.

파란색은 (신성:天)을 나타내고
노란색은 (인성:人)을 나타내고
빨간색은 (물질성:地)을 나타냅니다.

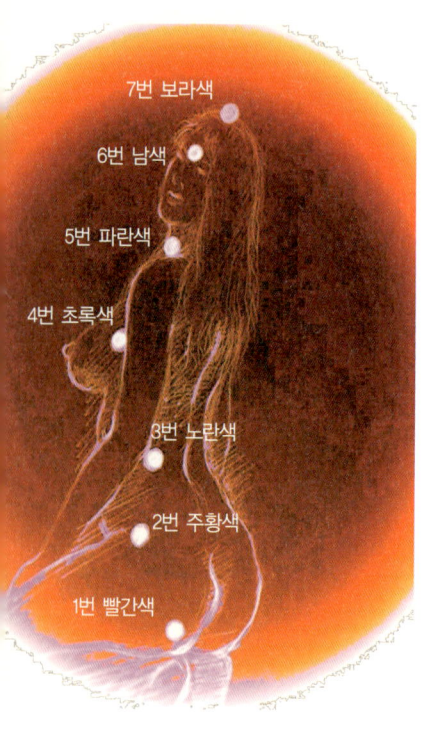

각 색깔별 위치와 기능에 대해
알아보겠습니다.
빨간색은 성기와 항문사이 회음혈 자리이고
주황색은 배꼽 밑에 하단전 자리이고
노란색은 태양신경총이라 불리는
중완의 자리이고
초록색은 가슴부위에 중단전에 있으며
파란색은 목에
남색은 부처님의 눈이라 불리는 상단전에
보라색은 머리 맨 위쪽 정수리인
백회혈자리인데
각각 컬러 에너지가 들고나는 문이라 합니다.

빨간색
1번 에너지 센터로 기본, 터, 땅에서 삶의 기초가 되는 물질에너지입니다.

주황색
2번 에너지 센터로 감정, 기쁨과 환희, 사회적인 에너지입니다.

노란색
3번 에너지 센터로 태양신경총이며 지적, 지성, 인성의 힘과 의지의 에너지입니다.

초록색
4번 에너지 센터로 천기와 지기를 연결하는 다리로서 감성의 에너지입니다.

파란색
5번 에너지 센터로 혼문이 있는 소통과 컴뮤니케이션의 에너지입니다.

남 색
6번 에너지 센터로 제3의 눈. 신령하고 영적인 직관, 통찰, 이해의
에너지입니다.

보라색
7번 에너지 센터로 조화와 균형과 통합을 이루는 영성의 에지입니다.

한 사람이 이 땅에 태어나서
땅에 발을 딛고 뿌리를 내려 안정되게 살아가는데
필요한 기초요, 기본 에너지가 빨간색의 지地기입니다.

오로지 생존, 살기 위한 기초 에너지입니다.
1번 빨간색을 시작으로 2주황, 3노랑, 4초록, 5파랑, 6남색까지
올라가는 동안 삶을 배우고, 체험하고, 지식을 쌓고, 느끼는
모든 것을 통하여 인간은 7번 보라색의 자리까지 올라가면서
영성으로 키워나가 조화, 균형, 통합을 보라색인 정수리에서
이루게 됩니다.
물질과 사회성과 지성과 감성과 신령한 영성에 이르기까지
모든 나의 성향들을 조화와 통합을 이루어 내는 삶의 여정은
그리 만만치 않은 투쟁과 갈등과 더듬이의 촉수를 높이는
험난한 과정이기도 합니다. 그러나 그거 못지않게 많은 기쁨과
보람과 성취들을 컬러로 완성해 가는 인생여정은 참으로 고귀하고
아름다운 여행입니다.

이러한 과정을 불교식으로 해석해 '인생은 고다' 하고
인식한다면 삶은 고통의 연속이요

삶의 많은 부분을 현실에서 도피하고 생의 선물들을
포기하도록 만들고 삶은 투쟁이 됩니다.
그러나 삶의 체험을 통한 맛과 성장을 이루는
과정에서 오는 기쁨과 성취감의 환희들은
몸을 입었기에 가질 수 있는 크나큰 축복입니다.

모든 것을 개념으로서만 다 알고 있던 영혼이
체험이라는 맛을 통해 자신을 새롭게 창조해 보고 싶어서
선택한 이 땅에서의 삶은 경이로운 생명의 기적이며
고귀한 선물입니다.

삶은 좋은 것도 나쁜 것도 아니며 옳고 그름도 없습니다.
다만 그렇다고 판단하고 받아들이는 내 잣대가 있을 뿐입니다.
석가모니는 인생을 '고' 라고 바라봤던 판단 하나가
대부분의 사람들을 생의 축복으로부터 도망가게 만들어
인류에게 큰 우환을 만들어낸 장본인입니다.
만약에 석가모니가 인생에 대한 판단을 '고' 가 아니라
축복이요, 선물이요, 고통조차 성장을 위한 아름다운
나의 일부임을 가르쳤다면 고통과 평안 사이에 균형을
이루는 통로를 마련했을 것입니다.

고통조차도 바라보는 견해나 느낌이 달라졌을 것이며
삶으로부터 도피하는 것이 아니라 현실 참여 속에
배움과 성장의 길이 새로운 나를 창조해가는
생의 기쁨으로 알고 수용했을 것입니다.

그렇다면 나는 인생을 무엇이라
판단하고 받아들이고 살고 있는가.

삶에 대한 판단 하나가
행복하고 즐겁게 살아가도록
삶을 스스로 창조하는 사람이 되게도 하고
생은 참으로 비참하고도 힘든 것이라 우울하게 여기면서
종종 자살을 생각하게도 만듭니다.

내 앞에 놓여 진 상황은 같은데도 나의 판단은 이렇게
내 생명을 죽이기도 하고 살리기도 한다는 자각이 중요합니다.

지금 내 삶의 여정을 컬러로 맨 밑에서부터
위로 따라 올라가면서
무엇을 익히고, 배우고, 자신을 키우고, 돌보면서
성장시켜 가는 과정을 한눈에 보는 것은
인생의 지도를 보는 것과 같은 즐거움이 있습니다.

지상에 한 사람이 태어나면
빨강에서 생존을 배우고 땅에 뿌리내려 적응을 합니다.
성장하면서 주황으로 올라와서는 사회성과 기쁨 슬픔 등의
감정을 배우고 익힙니다.
노랑으로 올라가면 지식을 쌓고
자기주장의 힘을 기르는 지성의 힘과 야망이 생겨납니다.

자기중심으로만 잘난 체하며 투쟁하고 에고 중심으로
살던 내가
초록의 가슴이 열리면서 평화와 사랑과 관련한
관계성과 감성을 익히고 배우면서 천기와 지기를 연결하는
근원으로 열리게 됩니다.
목으로 올라오면서 혼문에서는 영적인 자기중심 안으로
들어가 신령한 눈을 열기 시작합니다.
그래서 맨 위의 보라색에 이르게 되면
그동안 배우고 익히고 체험하며
살아왔던 모든 것들을 하나로 통합하여 조화를 이루는
완성의 단계에 이르게 됩니다.

컬러마다 각각의 파장을 내고 있는 에너지들은
우리 몸을 움직이게 하는 비타민과 같은 생명력을
공급해 주듯 컬러의 빛 에너지는 우리를 이렇게 키워내는
힘인 것을 모르고 산다면 지도나 나침반 없이 망망대해를
항해 하는 것과 같은 느낌일 것입니다.

컬러는 인생의 지도나 나침반과 같은 것이라고 할 수 있습니다.

검정색 팬티를
10년 이상 입은 여자들은
100% 자궁암에 걸렸다는
산부인과 보고.

검정팬티를 10년 이상 입었던 여성들을 상대로
조사한 결과 100퍼센트 자궁암에 걸렸다는
한국 산부인과 보고가 있다는 이야기가 있다.

검정색은 빛을 투과시키지 못하기 때문에
우리 몸에 빛을 차단하게 되면
세포들은 시들시들 맥을 못 추고 활동력이 떨어진다.
정상적인 세포들이 활발한 활동을 못하게 되면
당연히 건강에는 아주 나쁘다고 할 수 있다.
남성들의 전립선에도 문제가 되는 건 마찬가지다.
그래서 남녀 모두 빨간색의 팬티를 입도록 권유하고 싶다.
빨간색은 검정색과 반대로 빛을 많이 투과시키기 때문에
체온을 높여주는 기능과 혈액 순환에도 좋은 역할을 한다.

세포들이 얼마나 좋아하고 신이 날까.
빨간색 팬티를 입으면 세포들이 좋아서 춤을 추리라.
나의 권유로 한 남자 분은 빨간 팬티를 입고
찜질방엘 갔다가 모든 시선이 집중되어 혼이 났다는
이야기를 했다.
요즘은 옛날 같지 않게
개성을 자유롭게 표현하는 시대가 되었고
오히려 튀는 것을 즐기는 세상이 되지 않았나.

우리 몸에 빨간색의 에너지가 들어오고 나가는 문이
항문과 성기 사이에 있는 회음혈이다.
성기능을 건강하게 관리를 잘 하려면
이 부분에 신경을 써야 한다.
우리 몸에서 붉은 기운 즉 땅의 에너지인 지기가
부족하게 되면 현실감각이 떨어지고 문제 해결 능력이
없어지고 아이디어가 있어도 실행 능력이 없는 증상으로
나타나게 되며 성기능에 문제가 온다.

빨간색은 물질에너지이기 때문에
이 부분에 문제가 생기면 물질 문제로도 나타나게 된다.
요즘 성 추행 사건으로 온 나라가 시끄러운데
성의식의 문제를 일으키는 것은 빨간색 에너지의 왜곡과 병든
우리 몸과의 관계성에서 오는 것으로 진단할 수가 있다.

우리 몸은 천기와 지기를 고루 받아
조화와 균형을 잘 이루게 될 때
몸과 마음, 정서적인 면과 영혼에 이르기까지
건강을 보장할 수 있게 된다.

땅의 기운인 빨간색의 지기가 부족 하거나
이 에너지가 들고 나는 에너지 센터가 막히고 병이 들면
이 땅에서의 생활 능력과 감각적인 모든 측면이
정상적이지 못하게 되는 건 당연한 일이다.
그래서 성 추행범이나 가정을 깨는 바람둥이로
성욕을 조절하지 못하는 등의 성관련 문제들은
모두 빨간색의 에너지와 연관이 있다.

이 부분에 대해서는 좀 더 면밀히 다룰 수 있도록
다음 기회로 넘기고 여기에서는 빨간 팬티를 입는 것이
건강에 중요하다는 것으로만 마무리를 해야겠다.
국민 여러분! 모두 빨간 팬티를 입고 삽시당 ~ *

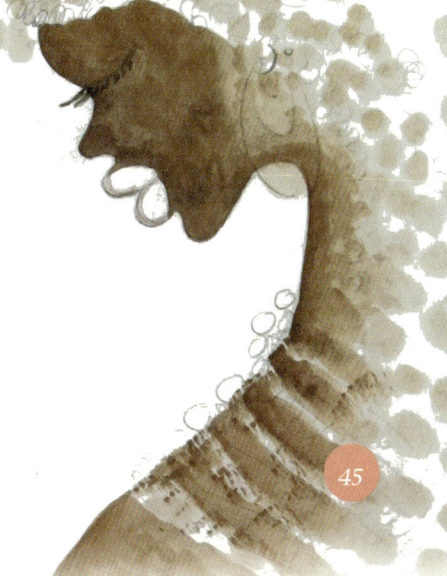

불교의 우환   2013년 作

빨간색 파장이 주는 생활의 활력

빨간색 에너지가 들어오고 나가는 문이
우리 몸의 회음혈에 있는데 여기가
치유되고 자유롭게
된다는 의미는 다음과 같다.

성과 관련해서 형성된 관념이나 상처들이
온전히 치유되는 것과
죽음에 대한 인식이나 관념이 무서움이나
두려운 것으로 형성된 것을 바꿔주거나
자연스러워지는 것을 포함한다.
이것이 치유되는 것은 생각보다 단순하고
간단할 수가 있다.

빨간색의 에너지를 생각하거나 받아들이면서
성에 대한 왜곡된 의식과 부정적인 관념들을 놓아주고
성에 대한 억압이나 부정적인 기억들을 보내주고
성으로 인한 상처난 감정들, 분노, 용서가 안 되는 감정
자존심 상함, 서운함, 화, 울분 등의 무수한 아픈
감정들을 돌보고 수용해 주고 스스로 다독여 주어야 한다.
이러한 감정들은 내가 돌봐주어야 하는
내 안의 아이들과 같아서
사랑으로 위로해 주지 않으면
한시도 평안할 날 없이 나를 지치게 하고
삶은 어둡고, 아프고도 무거운 것이라는 느낌으로
내몰아 한없이 주저앉게 만드는 역할을 한다.

밖에서 누군가의 도움으로 치유를 받는 것도
좋은 방법이 되겠지만

우리에게는 누구나 스스로 치유할 수 있는 힘과
능력이 이미 있다는 것을 알아야 한다.

가슴에 손을 살며시 얹고서
내가 나를 불쌍히 여기는 연민의 마음을
불러일으켜 보자. 나를 진정 사랑하는 마음으로.
빨간색을 보거나 생각하면서
나는 내 안에 있는 무수한 감정들보다 큰 존재이며
이 문제를 충분히 다룰 수 있는 사람이라는 걸
인식하자. 그러면 나와 상처난 감정들 사이에
분리가 일어난다. 나는 나고 감정은 감정이라는
분리만 일어나면 그 때부터 치유는 시작되며
내 안의 감정들은 더 이상 보채고 칭얼대며
나를 힘들게 하는 것들이 아니라
평온하고 조용해지면서 나의 기쁨이 되어주는
힘으로 작용을 하기 시작한다.
나를 힘들게 했던 이러한 문제들 안에는
보화가 들어 있다.
나를 성장시키고 깨어나게 해주며
이 땅에 두 다리를 든든히 뿌리내리고 안착하게 하고
이 땅의 식구 되게 만들어주는 역할을 한다.
신령한 영혼이 몸을 입고 이 땅으로 들어와 든든히
뿌리를 내리지 못하면 허공에 떠서 방황하는

비현실적인 사람으로 살아가게 되는데
이러한 아픔이나 상황들은 나를 이 땅에 든든히
뿌리를 내리는 현실 감각이 있는 사람으로 키워낸다.

내가 아무리 고통스런 상황과 환경에 처해있다 하더라도
여기는 하늘이 나를 키우시는 가장 적합한 둥지이기 때문에
내가 여기에 있는 이유이다.
이 자리에서 진실로 감사함이 무엇인지를
찾아낼 수 있는 마음과 눈이 있다면
내 생각과 마음과 느낌이라는 도구를 사용해
현실을 충분히 바꿔낼 수가 있다.
내 생각이 머무는 곳에 에너지가 있고
에너지가 있는 곳에는 현실로 나타내는 작용이 일어난다.

우리 몸에서 빨간색이 들어오고 나가는 에너지 센터가
건강하게 열려 활성화가 되면 활기 넘치고 건강한 생활을 하는
현실감각이 아주 뛰어난 사람이 된다.
성관련에서 오는 현실의 만족이나 기쁨이 넘치게 되고
죽음은 결코 무섭고 두려운 것이 아니라
단순히 옷을 갈아입고 새로운 출발을 하는
축복의 순간으로 건강하게 받아들일 수 있게 된다.
빨간색은 물질에너지이기 때문에 물질 문제로부터
평안과 자유로움이 오게 된다.

삶에 기초가 되는 빨간색으로부터 시작하여
한 단계 위로 주황색으로 그리고 노란색에서
가슴에 있는 초록의 단계에까지 건강하게 끌어올려
삶의 토대가 가슴에 든든히 세워지게 되면
이 땅에서 최상의 아름다운 마음에 천국을 이루고 사는
사람이 된다.
이렇게 되기 위해서는 우리 몸에 있는
7개의 에너지 문들이 뭉침이나 막힌 곳이 없이
에너지가 경혈의 흐름처럼 원활히 잘 흘러줘야 한다.
가슴에 사랑의 에너지가 뭉치게 되면 화병이 되거나
가슴 통증을 유발하는 협심증으로 나타나기도 하는데
이런 사람의 특징은 주변 사람들과 사랑의 흐름이 막혀 있다.
대부분 척을 짓고 있거나 사랑하는 사람이 없다.
관계에 흐름이 막혀서 그 에너지가 내 가슴으로 정체되어
화로 뭉쳐있는 화병이다.
우리는 천, 지, 인, 하늘과 사람과 땅이 막힘없이 열려
소통이 원활히 될 때에야 비로소 영과 육과 마음이
정상적이고 건강한 삶이 될 수가 있다.
하늘과 사람사이에, 사람과 사람사이에, 사람과 땅 사이에
그 어떤 걸림도 없이 소통이 되고 있을 때
그곳은 천국이 된다.
이것을 가로막고 있는 것은 우리의 마음이다.
우리의 마음으로 우리 몸에 있는 일곱 개의 에너지 문을

정화하고 치유하고 자유롭게 만들어 줘서
하늘과 땅이 내 몸을 통과할 때 아무것도 걸림이 없도록
해야 한다. 이것이 진정한 깨달음을 현실에 이루는 삶이다.

이런 삶의 출발점이 바로 빨간색이다.
기초, 터, 뿌리, 시작이 바로 빨간색의 땅에 기운
'지기'를 말한다. 빨간색은 생명에너지다.
이렇게 중요한 빨간색을 그동안 우리는
얼마나 무시해버리고 살았던가.
빨간색의 음식들을 사랑하고 빨간색의
옷이나 액세서리도 즐기자.
그래서 빨간색이 주는 에너지 파장을 맘껏 흡수해서
우울증아 물럿거라, 하면서 싱싱하게 살아가자.

가장 좋은 사랑의 소통 방식

하늘이 나를 가르치는 소통의 방식은
첫째가 느낌이다.

수많은 느낌들이 있었어도
무시를 해버리면,

두 번째는 생각으로 말을 걸어온다.
생각이 떠오르고
여러 번 생각을 하면서도
무시를 하게 되면,

세 번째는 현실 체험으로 오게 된다.
실제로 오는 걸 겪음로 알게 하시는 체험에는
아픔이나 고통을 동반하기 일쑤이다.

체험조차도 무시해 버리는 사람에게는
마지막 방법으로 말, 언어를 사용하신다.

말에는 의도가 들어가고 꾸밈이 많아
진실을 알아채기가 매우 어려운 소통 방식이다.

성경이나 불경, 노자·맹자·장자들의
가르침들과 같은 책이나
계시를 받는 등의 방식들에는 잘못된 해석들과
그토록 오해가 많이 발생하는 이유이다.

느낌은 가장 진실된 영혼의 언어이니
느낌으로 돌아가라.
상대의 말을 들으려 하지 말고
그의 가슴을 느껴 보려고 노력해 보라.
거기에 진실이 있다.

매일 매 순간마다 느끼는
섬세함으로 돌아가
내 영혼의 울림을 듣기를 기대한다면
거기에 모든 인생의 답이 있고 진리가 있나니
일상의 작은 느낌들조차 놓치지 않는 사람은
체험으로 겪어야 하는 고통을
사전에 피해갈 수 있는 지혜가 되리라.

프레로(넘치다는 뜻)　　　2005년 作

주황색의 힘

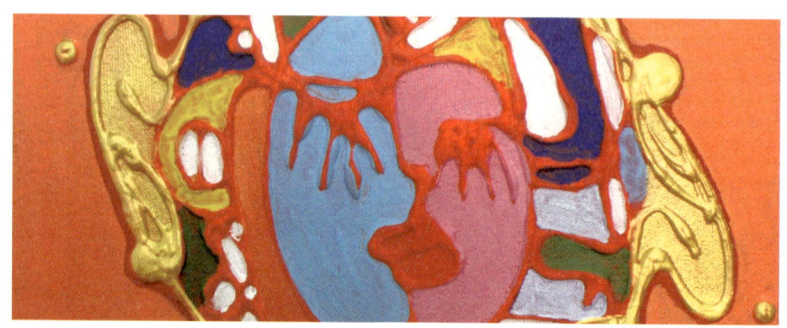

컬러를 즐기면서 일상을 사는 기쁨은
컬러와의 행복한 동행이다.
예전에 한국 사람들은 컬러 선택에
상당히 보수적이었으나 요즘 들어
등산객들의 패션이나 여행하는 사람들의
모습은 지나치다 싶을 만큼 원색적이고
형광색들이 많이 섞여있어 활기차고
보는 사람들도 흥겨워지는 세상이 되었다.

컬러에는 에너지가 있어서 옷을 입은 본인은 물론
보는 사람들까지도 눈과 마음을 즐겁게 해준다.
컬러 선택에 좀 더 과감해져서 즐겼으면 좋겠다.

주황색은 우울증에 걸린 사람은 선택하기 어려운 색이다.
주황색은 사회적인 에너지 파장을 내고 있기 때문에
주황색을 타고난 사람들은 다른 사람들의
관심 받기를 원하고 시선을 집중시켜 인기를 먹고 싶은
연예인들에게 맞는 색이다.
그래서 화려하게 멋 내는 것을 즐기는 사람들이다.
주황은 밝고, 기쁘고, 들뜨는 가벼운 기운이며
환희를 상징하는 컬러이다.

주황은 인간의 무의식을 조절하는 에너지인데
우리 몸의 배꼽 밑 하단전의 자리가 주황색이
들고 나는 에너지 센터이다.
신장이나 방광염 같은 신에 이상이 생겼을 때는
주황색의 에너지를 공급하면 효과를 볼 수 있다.
주황색의 에너지를 공급해주는 방법은 실크나 면 소재
또는 모시 같은 자연에서 얻어 만들어진 것들이
에너지 전달력이 더 좋다.

주황색을 타고난 사람을 애인으로 두게 되면 항상 밝고 즐겁다.
주황색의 사람들은 상대방이 무겁고 지나치게 진지하고
우울하게 처져서 고민하는 모습을 못 본다.
그래서 온갖 끼를 동원하여 상대방을 즐겁게 해주려고
노력하는 사람이다.
항상 새로운 걸 좋아하고 밝은 성격인데

주황색 에너지가 결핍될 경우 자기 존중 결여와
히스테리, 우울, 완고하고 우유부단함 등의
부정적인 면들이 나타날 수 있다.

주황색이 우리 몸의 건강상에 영향을 주는 부분은
몸에 혈액과 산소를 뇌를 통해 흐름을 증가시켜 주는
역할을 한다.
우리 몸에 비장의 기맥과 공명하는 주황색은
너무 깊은 생각을 하게 되면 비장이 상하게 되는데
비장이 약해져서 오는 증세들은 무기력, 구역질, 트림
당뇨, 췌장염, 백혈구 이상 등이 올 수 있다고 한다.
방광 기능과 연관이 깊고 SEX호르몬과 관련이 있고
욕망을 지배하고 심신 안정의 근원지이다.

우리 몸에 있는 일곱 색깔 에너지 센터 중에
주황색의 자리는 육체적인 건강과 깊은 연관이 있다.
주황색은 사람을 활기차게 만들며 즐거움을 자극하여
적극적이고 활력 있고 만족과 풍부함, 건강과
유쾌함을 주는 따뜻한 컬러이다.

주황은 사회적이며 사교적인 에너지이므로
주황색을 타고난 사람의 성향은 사회성이 좋고
표현력이 뛰어나며 자유롭게 살고 싶은 성향이 강하다.
항상 새로운 변화를 좋아하고 진지하거나

무거운 분위기를 싫어해 주변 가까운 사람들이
심각해져 있으면 가만히 있지를 못하고
분위기를 바꿔주려 노력하는 재능이 많은 사람이다.
순발력과 친밀감이 좋아서 사람들과 사귀는 걸 좋아하고
혼자서도 잘 노는 형이다.
주변 사람들을 즐겁게 해주는 분위기메이커와 같은
역할을 잘한다.
순발력과 번뜩이는 아이디어를 가졌지만
장기전에는 약한 스타일의 사람이다.
노는 데도 천재이며 게임하는 것을 즐거워하고
나이가 들어서도 단기 결승전을 좋아하는 성향이 있다.

마음이 우울하거나 처지는 컨디션일 때는
과감하게 주황색을 선택하라. 그러면 마음이 가볍고
밝아지며 새로운 기분 전환에 힘을 더해준다.

무조건 사랑하라

아프리카 부부의 사랑   2011년 作

사랑이 없는 가슴은 얼마나 삭막할까.

사랑이 없으면

첫째는 기쁨이 없고 사는 낙이 없다.

누구든 무엇이든 사랑하라.

사랑은 결코 손해 보지 않는다.

지금 여기서 내 앞에 있는 것들을 사랑하라.

사람이든 동물이든 식물과 곤충이든

물과 바람이든

차별없는 가슴을 열어 사랑하라.

사랑은

서로를 공명하게 하고 소통하게 해준다.

우리는 모두가 하나라는 이해의 폭을 넓혀주고

깨달음에 이르게 하는 열림이 있다.

이러한 열림은 나를 성장시키고 성장은

기쁨을 창조하는 새로운 도약이다.

이 세상 모든 것이 사라져도

사랑이 존재해야 하는 영원한 이유이다.

노랑과 핑크의 사랑시기

천국은 착한 일 좀 했다고 해서
아무나 갈 수 있는 곳이 아니다.
천국은
사랑의 영토이기 때문에
몸에 사랑이 익혀져 있지 않은 사람은
갈 수가 없는 곳이다.

환갑의 나이가 되어서도 '여보 나 젖 줘' 하면서
한 없이 응석을 부리고 어리광을 부리는
귀여운 남편이 있다.

이 부부에게 사랑이 없다면
매일같이 어리광을 피우는 남편의 모습이
징그럽고 귀찮고 짜증나는 일일 수도 있지만
부인에게 남편을 이해할 수 있는
정서적 필드가 넉넉히 넓혀져 있다면
남편의 그런 모습을 사랑스럽게
다 받아줄 수가 있다.

프렉탈아트(사랑의 느낌)   2005년 作

나이 육십이 되어

인생이 기울어져 가는 나이인데도 불구하고

이 남자는 어린 시절 자신의 삶에

핑크와 노랑을 충분히

입혀야 하는 과정을 놓친 사람이다.

노랑과 핑크의 시절이 없었던

이 사람의 사랑 결핍은

정서적인 불안으로

사랑 받고 싶은 갈증 때문에

평생을 성관련 방황을 하게 될 수도 있다.

엄마 사랑의 벽을 넘지 못한 사람들이
보통 하얀색을 입어 덮고자 하거나
동성애자로 살아가듯이
무조건적인 엄마의 사랑에 갈증을
채워야할 부분에서 결핍된
이 사람의 인생에는
지금이라도 핑크와 노랑의 색깔을
맘껏 입혀줄 수 있어야 해갈이 되며
온전한 내적치유가 될 수 있다.

이 남자뿐만 아니라
우리 모든 사람들에게는 한 때
핑크와 노랑의 시절이 충분히 있어줘야
건강한 사람으로 성장하여
성숙한 삶을 살아갈 수 있으며
나의 그런 경험이
누군가를 치유할 수 있는 사람이 되고
그 부분의 문제를 다룰 수가 있는
성숙한 어른으로서 살아갈 수가 있게 된다.

핑크와 노랑의 시기에 인생의 색깔을
충분히 칠해준다는 말의 의미는

어리광 부리고, 응석부리고

무조건적인 엄마의 충분한 사랑을 받고 싶은
이 부분의 욕구가 충족이 돼야
성인이 되어 내면의 어린 나와
성인이 된 나 사이에서
내면적 에너지 불균형으로 오는
고통을 받는 일이 없다는 이야기이다.

이 사실을 아는 현명한 아내는
남편의 응석받이 어리광을
다 해갈이 될 때까지 받아 주어서
인생 말년에 내면의 에너지 균형을 이루어
평안을 맛보며 살아갈 수 있게 해 줄 수가 있다.

이런 것이 진정한 사랑이고
이 사랑의 능력은
일생을 내적 외적으로 갈등하며 오는 동안
스스로도 해결하지 못한 부분을
배우자가 치유해 줄 수 있는
사랑의 힘이 아니겠는가.

이런 남자들이
우리 주변을 돌아보면
의외로 많다.

남자 나이 60 정도가 될 그 시기에
어린 시절을 겪은 사람들의 공통점은
보수적이고 감정 표현을 억압해온
자유롭지 못한 세대이기 때문에
속에 응어리진 부분이
밖으로 표출 되지를 못해
혼자서만 고통으로 안고 사는
많은 어른들이 있음은 안타까운 현실이
아닐 수 없다.

이렇게 응석을 부리고 싶은 남편이
아내를 볼 때 받아줄 것 같지가 않다는 판단이 들면
뭔가 꼬투리를 잡고 억지를 부리거나
짜증을 내고 시비를 거는 욕구 불만의
싸움을 걸기도 하고
일상의 삶에 질이 전체적으로 떨어트리게 될 수 있다.

이럴 때 남편의 반응들은
도와달라고 호소하고 있는 표현임을
눈치 챌 수 있어야 한다.
혼자서 어찌할 수 없는 내적 갈등을
남모르게 겪고 있는 남편의 입장에서는
어딘가에 비빌 언덕이 있어서
한없이 어리광을 부리면서

사랑과 관심과 인정을 받고 싶은
욕구에 대한 결핍인 것이다.

이런 이유로 소통이 어려워
갈등을 겪는 부부들이 의외로 많다.
왜냐하면 내면에서는 어린 남편을
겉으로는 60이라는
어른으로 보고 있기 때문에
아내로서는 도대체 이해할 수가 없는
노릇이다.

이러한 반응은
나이와 상관없이 나타나는
어린 시절의 결핍증세임을
알아야 한다.

부부 사이에 이런 이해나
대화가 될 수 있을 정도의
소통 가능한 사랑이 있는 사이라면
나이가 들어서도 외롭지 않고
얼마나 행복한 노후인가.

우리는 무조건 행복해야 한다.
무조건 사랑하며 살아야 한다.

사랑이 있는 곳에 기쁨이 있고 평안이 있고
신바람 나는 콧노래가 있다.

내가 살기 위해서라도
우리는 사랑을 몸에 익혀야 한다.
사랑이 몸에 익혀진 수준만큼
살아서나 죽어서나
천국의 시민으로서의 자격이 될 테니까.

천국은 착한 일 좀 했다고 해서
아무나 갈 수 있는 곳이 아니다.
천국은
사랑의 영토이기 때문에
몸에 사랑이 익혀져 있지 않은 사람은
갈 수가 없는 곳이다.
종교생활을 아무리 열심히 했어도
몸에 사랑이 익혀지지 못한 사람은
천국과는 상관이 없는 사람이다.

사랑으로 성숙에 이른 사람들의 세계
그곳이 살아볼 만한 세상이며
파라다이스가 아닐까.
약속된 땅은 바로 여기일 것이다.

노란색으로 사는 사람들의 특징과 문제점

우리 몸의 뿌리이며 근본이 되는 첫 번째
에너지 센터인 빨간색의 자리로부터 시작해
두 번째 주황을 지나 세 번째 자리인 노란 에너지가
들어오고 나가는 에너지 센터가 있는 배(중완)는
힘과 야망이 있고 개인적인 의지가 특징이다.

자기를 중심으로 자신의 이익을 먼저 챙기고, 비교하며
경쟁하고, 이기고, 싸우는 에너지가 중심을 이루고 있는
자리이다. 이 세 번째 에너지 센터인 노란색의 자리는
이기적이고 자기중심적이며
다른 사람을 희생시키고 자신의 이익을 얻고자 하는
두려움의 자리이기도 하다.

노란에너지를 중심으로 해서
내 삶의 토대를 세워 살게 되면
안정감 있는 조화로운 평안이란 있을 수가 없다.

우리 인류는 지금까지 이 자리를 중심으로
신물이 나도록 치열하게 살아왔고
지금도 이 에너지가 우리를 지배하고 이끌고 있음을
자각하는 것은 중요한 깨어 있음의 상태를
유지하는 것이라 할 수 있다.

삶이 배(중완)를 중심으로 세워져 있는 한 인생은
결코 평안도 조화로움도 진정한 만족도 알 수가 없어
길 잃은 사람처럼 벗어나 있는 모습으로
살아가야 하는 불행한 삶의 흐름이다.
이 에너지는 요즘 도시를 살고 있는 사람들의
전형이라 할 수 있다.

우리 몸에 노란색의 자리는 위장에 해당하는
태양신경총이라 불리는
중완의 자리를 통해 들어오고 나가는
노란색에너지 문이다.
인간적으로 한편으로는 순수해 보이기도 하고
단순하기도 하다.
미성숙하고 에고적인 모습이며
육적 자아 중심이 활동하는 에너지이다.
여기는 에고의 자리이기도 하다.

인간은 여기로부터 탈피하여 진화하지 못하면
결코 진정한 만족이나 행복, 평화 같은 조화로움과는
거리가 먼 존재로 살아갈 수밖에 없다.

한 단계 패러다임을 높여 가슴 에너지 센터인
네 번째 자리로 우리는 성장하고 상승할 수 있을
때에만이 인간은 인간으로서 신성을 회복한
균형과 조화를 회복하여 진정한 행복이
보장된 삶을 구현해 갈 수 있게 된다.

노란색의 에너지는 경쟁하고 싸우는
투쟁의 에너지를 또한 가지고 있다.
자기 자신의 이익을 우선시 하는 에너지가 중심이며.
초록의 가슴에너지는 사랑으로 열린 조화와 균형이
있는 완전한 근원으로부터 주어지는 에너지이다.

우리에게는 머리인 노랑도 필요하고
가슴인 초록도 필요하다.
다만 삶의 토대를 어디에 세우고
주도권을 갖게 하느냐 하는 문제는
중요한 우리 삶의 질과 수준을 좌우한다.

이 초록의 가슴에너지 토대 위에
나의 존재와 삶을 세워야
반석 위에 집을 짓고 있는 사람이 되는
것이라 할 수 있다.

우리는 서서히 배에서 가슴의 에너지로 상승하고
성장 진화해 가야하는 필연의 운명을 가진
존재들이다.

2부

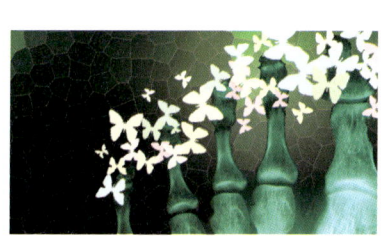

섹스 오르가즘에서 오는 기쁨과
즐거운 환희의 목적은
고귀한 사랑의 느낌을 통해
내가 얼마나 아름답고 존귀한 존재인지를.
나와 하나 된 너 또한 이토록 사랑스럽고
아름답고 소중한 존재라는 것을
서로 하나 되는 사랑을 체험하는 순간에
우리들의 본향을 잊지 말라는 기억장치로서
넣어둔 신의 배려이다.

섹스 오르가즘 에너지를 통해
나에게 이르는 길

내가 아닌 상태와
마주하기 전까지는
사람은 자기 자신이 누구인지 모른다.
그래서 사람들은 '나 아닌 짓들' 만을
그토록 하며 사는 이유이다.

나 절대로 그런 사람 아니야
나는 그런 인간이 아니라고!
강력하게 주장을 하면서도
여전히 그 짓을 못 버리고
거기 살고 있는 나는
진실로 무엇을 찾고 있는 사람인가.

어둡고 방황하고
무수한 날들을 아파해 보고 나서야
이건 아니었구나 하는 통찰이 일어날 때까지
진짜 자신을 알아차릴 수가 없다는 말인가.

가짜 속에 철저히 나뒹굴어본 눈물 없이
진짜 나를 알아채는 건 그만큼 어려운 일이다.

사람들은 가장 아름다운 고귀한
사랑의 느낌을 찾아 일생을 방황하지만
진정한 사랑이 아닌 것들의
무수한 순간들과 마주해서
실감나게 그 에너지를 겪어보기 전까지는
고귀한 사랑을 찾고 있었던 자신조차 모른다.

진실 아닌 곳에 가서 겪어본
처절한 고통만이
진짜 내 본연의 원함은 무엇이었는지
인식을 하기 시작한다는 말인가.

고귀한 것은 이렇게 비싼 값을 지불해야 만이
누릴 수 있는 모양이다.

나에게 진정 고귀한 진실이란 무엇인가.
가장 아름답고 존귀한 사랑의 느낌을
나는 원하고 있었다.

나는 그런 사랑을 받을 때
그런 나를 느끼고
그 또한 그런 사랑을 받고 있을 때
우리가 함께 하는 가장 행복한 순간임을
온 몸으로 느껴보고 싶었다.

그 안에서만이 평안한 안식과
가장 큰 기쁨을 맛볼 수 있고.
쉬고 싶었고
에너지를 새롭게 충전하고 싶었다.

그 새로운 에너지는 나로 하여금
새로운 세계에서 살 수 있도록 해주는
앞으로 살아갈 내 삶의 에센스가
되어줄 것이기 때문이다.
이것은 몸을 가진
우리 모두가 찾고 있는 사랑의 진실이다.

우리의 이해력과
인식이 열린다는 것은

벌레가 어둡고 갑갑한 고치 안에서
몸부림치는 과정과 마찬가지로
홀로 갇혀있는 인고의 세월에 대한
겪어냄 없이는
불가능한 일이다.

우리는 진짜를
진짜의 가치로 알아볼 때까지
너무도 아픈 고통의 시간들을 보내야 한다.
왜냐하면
내 안에는 그토록 어둡고, 게으르고
오만한 들은 풍월로만 살아온
가짜투성이 뿐이기 때문이다.

내 안에 가장 고귀한 사랑이 들어와
자리를 잡을 수 있기까지
나는 나 아닌 곳에 가서
무수한 방황의 에너지들을 실감나게
겪어 보아야 한다.
나 아닌 나와 마주하기 전까지는
진정한 나를 알 수 없기 때문이다.

나 아닌 에너지들을
실감나게 겪어보는 과정에서 오는

방황, 어둠, 외로움, 고독, 처절하리만치
안타까운 눈물로 내 자신과 마주하지 않고는
내가 찾는 가장 고귀한 사랑의 진실을
알아볼 수가 없고
내 앞으로 와도 지켜갈 능력이 없다.

그런 상태에 있는 사람은
아무리 안타깝고 가슴 아파도
세상으로 내 던져나서 모두 다 겪음을 통해
자신을 스스로 보게 해야 한다.
그걸 지켜보는 아픈 마음이 자비이며
부모 됨의 가슴이다.

천지 부모는
인간들이 하는 불안정한 부모의 심정과는
비교할 수 없는 지고지순한 진실 된 가슴이라는
이 믿음이 없어 그 아픔들을
겪어야 하는 이유이다.

섹스를 해도 새로운 쾌락을 쫓아다니는
어두운 방황이 아니라
내 존재가 얼마나 고귀한지
그 존귀한 사랑의 느낌을 온 몸으로 체험하고
맛보고 싶은 갈증.

이 갈증은
우리가 본래 있었던 근본 자리에 대한
회귀본능 때문이다.

우리가 본래 있었던 곳의 에너지는
온통 오르가즘 상태의 환희의 에너지뿐이었다.
그곳을 구성하고 있는 에너지는
섹스 오르가즘 상태와 같은
기쁨으로 가득한 세계이다.
우리는 모두가 거기에 있다가 온
존재들이다.

잠깐 여행하러 이 몸을 입고
이 땅에 올 때는
이러한 모든 기억을 지우고
새로운 나를 창조하고 싶어서 온 것이다.

그런데 어린 아이로 태어나
자라는 동안의 가르침은
물질세계에 적응하는 가치를 주입하게 되어
세상 물질 환상에 빠져 버리게 만든다.
그 속에 있는 동안 혹여 내 본질조차.
내 집으로 돌아가는 길조차 잃어버리게 될까봐
집으로 돌아가는 장치로서 우리 몸에 심어둔 것이
바로 섹스 오르가즘에너지이다.

섹스 할 때 경험하는 파라다이스의 환희는
본래 내가 있었던 본향의 맛을 잠깐이라도 잊지 말고
기억해 두길 바라는 천지 부모의 배려이며
길 표시 정도로 이해하면 좋을 것이다.

그래서일까 사람들은
섹스 할 때 천국의 그림자를
잠깐 볼 수 있다는 말을 한다.

그 천국의 그림자란 바로
우리가 본래 있었던 고향을 이루고 있는
기쁨과 환희의 에너지를 말하며 나는 본래
그 세계로부터 나와서
우리는 잠깐 이곳을 여행 하고 있는 중이다.

잠깐 아주 잠깐 여행을 왔으면서
지금 이 현실이 전부인 양
눈에 보이는 것들에 집착하고
거기에 빠져 있으니
지금 나는
이토록 초라하고 비천한
내 모습만이 커보일 뿐이다.

깨어나라 관조하라는

성현들의 가르침들은 바로
이것의 깨어남을 말하는 것이다.

하필이면 우리 본향의 에너지를
섹스 안에 넣어 두셨을까.

우리는 개체라는 분리된 존재로
이 땅을 살아가고 있다.
개체의식으로 외롭고 혼자라는 느낌은
타인과 경계를 짓게 되고
그 경계 지음 때문에
갈등, 분쟁, 싸움
살인까지 하게 되는 것이다.
그래서
너와 나를 구분 짓는
개체라는 의식이 문제다.

우리가 하나라는 전체의식은
인간들의 이 모든 불행을
근본적으로 해결할 수 있는 답이다.

하나라는 전체의식의 개념은
사랑에 바탕을 두고 있기 때문이다.
그 쉬운 답을 가지고도 우리는

하나라는 전체의식을 갖기가
그토록 힘든 개체적 존재로 살고 있다.

왜냐하면 몸을 가졌기 때문이다.

그러면서도
몸을 가졌다는 것은
얼마나 큰 축복인가.

영혼들은
모든 것을 다 알고
모든 능력을 다 가졌어도 할 수 없는
대단한 체험들을 해볼 수 있는
경이로움이 바로 몸이 있다는 사실이다.

이 몸으로
맛보고 체험할 수 있다는 것이
영혼으로서는 얼마나 부러워할 일인지
몸을 가진 우리들은
이 소중한 가치를 모르고
함부로 살고 있지는 않은가.

개체라는 점은 이렇게 좋은 점이 있지만
우리를 서로 분리시키는 의식을 갖게 하는 데는

문제가 있다는 사실이다.

그래서 두 사람을 하나로 만드는
섹스의 순간에
환희와 기쁨을 경험할 수 있도록 넣어둔
신의 의도를
우리는 눈치 챌 수 있어야 한다.

상대를 내 목적을 위해
조정하는 도구로 성을 사용하고
나의 돈벌이 수단으로 이용하고
다른 목적을 위해 성을 억압하여
병들고, 방황하고, 타락, 왜곡시켜 놓은
우리 스스로 자초한 것들의 그 대가들을
지금 톡톡히 아픔으로 치러내고 있지 않은가.

개인적으로도 겪고 있지만
사회가 온통 겪고 있는
우리들의 문제가 아닌가.
이 더운 여름밤에도 문을 활짝 열어놓고
잠들 수 없는 불안과 두려움들로.

안락하고 평화로운 가정이 주는 느낌도
상실하고 밖으로 도는 불안정한 방황.

현실의 터진 문제들에 대한
문제 해결 능력의 부재 등은
모두 성 에너지의 불균형에서 오는 것들이다.

섹스 오르가즘에서 오는 기쁨과
즐거운 환희의 목적은

고귀한 사랑의 느낌을 통해
내가 얼마나 아름답고 존귀한 존재인지를.
나와 하나된 너 또한 이토록 사랑스럽고
고귀하고 아름다운 소중한 존재라는 것을
서로 하나 되는 사랑의 체험을 통해
사랑에 대한 축하로서
행해지도록 주어진 고귀한 선물이다.

이 아름다운 순간에 우리는
우리의 고향을 잊지 않고 그 순간만이라도
내가 어디서 온 존재인지를 기억하고
이 땅을 멋지게 여행하기를 바라는
천지 부모의 배려임을 알아야 한다.

이런 사이에서 태어나는 아이가 진화된
아름다운 사람으로 성장해 가면
이 세상 또한 좀 더 멋지게 꾸려나갈

사랑의 능력이 있는 사람으로
창조해갈 수 있을 것 아닌가.

물질 욕망의 술에 취하고 방황하는
욕망의 발산으로 선택한 쾌락적인 섹스를 통해
태어난 아이를 구성하고 있는 에너지는
어떤 에너지일까.

나의 자존감을 최대치로 높여주는
고귀한 사랑의 교감 없는 섹스 행위로 태어나는
아이들의 내면은 어떤 에너지를 안고 태어날까.
그렇게 나온 사람들이 살아가는
이 세상의 기운은
어떤 기운이 감돌게 될 것인가.

우리의 정서적 필드가 무한대로 넓혀지면
어떤 어려움도 그 어떤 문제들도
수용하고 다룰 수 있는 원만한 에너지를
발산하며 살 수가 있다.
그런데 내 주변을 돌아보면
사람들의 에너지가 어떤 기운들로
살아지고 있는가, 관찰해 보라.

내가 이런 진실을 말하면
어떤 이는 말하기를
"소설을 쓰고 계시네"
그건 비현실적인 공상일 뿐이며
현실로 이루어낼 수 없는
희망사항일 뿐이라는 말을 한다.
그만큼 사람들은 욕망과 쾌락 중심의
섹스에 길들여져 있다.

소설인지 진실인지는
주변을 잠깐만이라도
면밀히 관찰을 할 수 있으면
바로 알 수 있는 사실이요.

주변을 보는 것만으로는 알아챌 수 없는 감각이라면
본인의 삶을 통해 실감나게 살아보면 그 끝에서
발견되는 진실임을 알게 되리라.

섹스 오르가즘의 기쁨과 환희를
우리는 그동안 어떤 용도로 이용해 왔던가.
상대는 내 욕구를 위한 이용 가치일 뿐
거기에 진실한 사랑이 있었는가.

내 어두운 방황하는 마음을 잠시라도 잡아둘까.

이 쾌락조차 없다면 힘든 세상 무슨 낙으로 견딜까.
그토록 이쁜 여자를 원하고
마음에서 로맨스를 그리워 하지만
그리고 있는 내 자신은 진정
무엇을 찾고자
그리도 배회를 하고 있는 것인지.

그토록 원했던 돈 많은 미인을 만나도
내면의 허공을 메워주질 못하는
내면의 어둠은 무엇인가조차 인식이 없다.

우리들 모든 영혼은
이 땅을 여행하는 동안
가장 고귀한 사랑의 느낌을 체험으로
맛보아 알고 싶어서
아침에 눈을 뜨면서부터
저녁 잠자리에 드는 순간까지
무언가를 바쁘게 찾아다니고 있는 것이다.

무엇을 원하기에
그토록 번잡스런 매일의 일상을
보내고 있는 걸까.

우리는 대부분 돈을 쫓아 다니느라

모든 시간과 에너지와 청춘을 다 바치고 있다.
어떤 이는 명예라는 높은 이름을 얻고자
일생을 걸고 거기에 집중되어 있다.
돈과 높은 이름이 왜 필요하기에 그럴까.

가만히 들여다 보라.
거기에는 내가 최고로 존귀하고 싶은
그런 나를 만들어 경험하고 싶은
내 근원의 목적이 있음을.

그런데 안타깝게도 거기에서는 가져봐도
나를 향한 존귀한 사랑의 느낌을 찾기보다는
다시 허무함과 한없이 흔들리고 있는
자신의 내면을 들여다볼 수 있을 뿐이다.

우리 모든 영혼은 같은 걸 찾고 있다.

나를 가장 존귀한 사랑의 느낌으로서
체험해 보고 싶은 그것을.

그 곳에 이르는 길과 방법들은
앞서간 성자들이
수없이 많은 방법으로 제시해 주어 왔고.
우리는 너 나 할 것 없이 그 길을 찾고자

어떤이는 질러가는 길로
어떤이는 우회해서 먼길을 돌아서
오늘도 무언가에 집중해 찾아가고 있는 중이다.

이렇게 살아보니 이건 아니네.
저렇게도 살아보니 그것도 아니네, 하면서
수만 생을 살았어도 아직도 나 아닌 곳에 가서
나 아닌 것들을 체험중인
이 땅에 수많은 사람들의 어두운 방황의 행진은
오늘도 계속 진행형이다.

그 중에 가끔씩 깨어나서
그건 진정으로 내가 원하는 바가 아니었음을
알아챈 사람들만이
진실 앞에 서게 되고
그 진실만이
참 나로서
행복이라는 답을 얻는다.

그 답을 아는 사람들의 삶이란
하늘의 뜻이 하늘에서 이룬 것 같이
이 땅에서도 이뤄지는 현실을
실감나게 살아볼 수 있게 되는 것을 말한다.

주기도문을 2천년이 넘도록 외면서
기도를 해 왔어도 이 믿음을 실현하지 못한다면
하나님도 사기꾼이고 주기도문을 외고 있는
사람들도 얼마나 한심한 노릇인가.

천지 부모가 사람을 이 땅에 내 놓았을 때는
가장 행복한 순간들을 살기 원했다.
이것이 모든 부모된 자들의 같은 마음이다.

이런 사람들이 많아지고
이런 사람들이 사는 곳이
넓어질수록
이 땅은 하늘의 뜻을 이루는 곳이 되며
자식은 부모의 소원을 이뤄드리는 것이 된다.

나는 이런 세상에서 살고자 한다.
나 혼자만이 아니라 같이 할 수 있는 사람도
이런 깨어남이 일어났다면
함께 이루어 누리는 에덴이 되리라.

컬러와 우리의 몸

인간은 빛으로부터 왔다.
빛이 없이는 컬러를 볼 수가 없다.

컬러에는 각각의 컬러가 가지는 에너지
파장이 있고 그 에너지 파장마다에는
우리 몸에 필요한 비타민 영양소들처럼.

각각 다른 컬러들이 주는 에너지를 주고
받으며 살아갈 때 우주와 공명을 하면서
조화와 균형과 건강이 보장된 삶을
영위해 나갈 수가 있다.

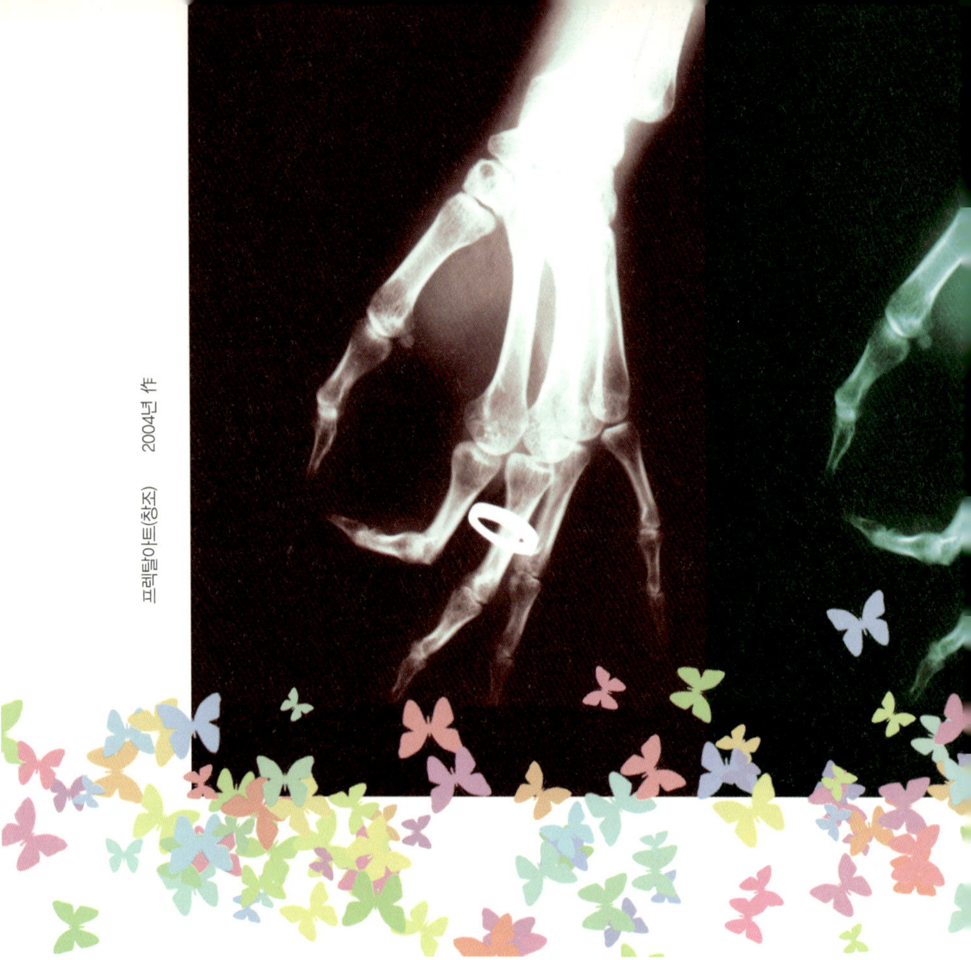

프랙털아트(창조) 2004년 作

이 컬러 에너지들은
우리 몸의 호르몬에 영향을 주고
정서와 마음과 느낌. 무의식의 세계와 영혼에
이르기까지 모든 존재에 영향을 미친다.

이렇게 중요한 컬러의 에너지들이
들고 나는 문과 에너지 센터가
우리 몸에는 총 7개가 있다.

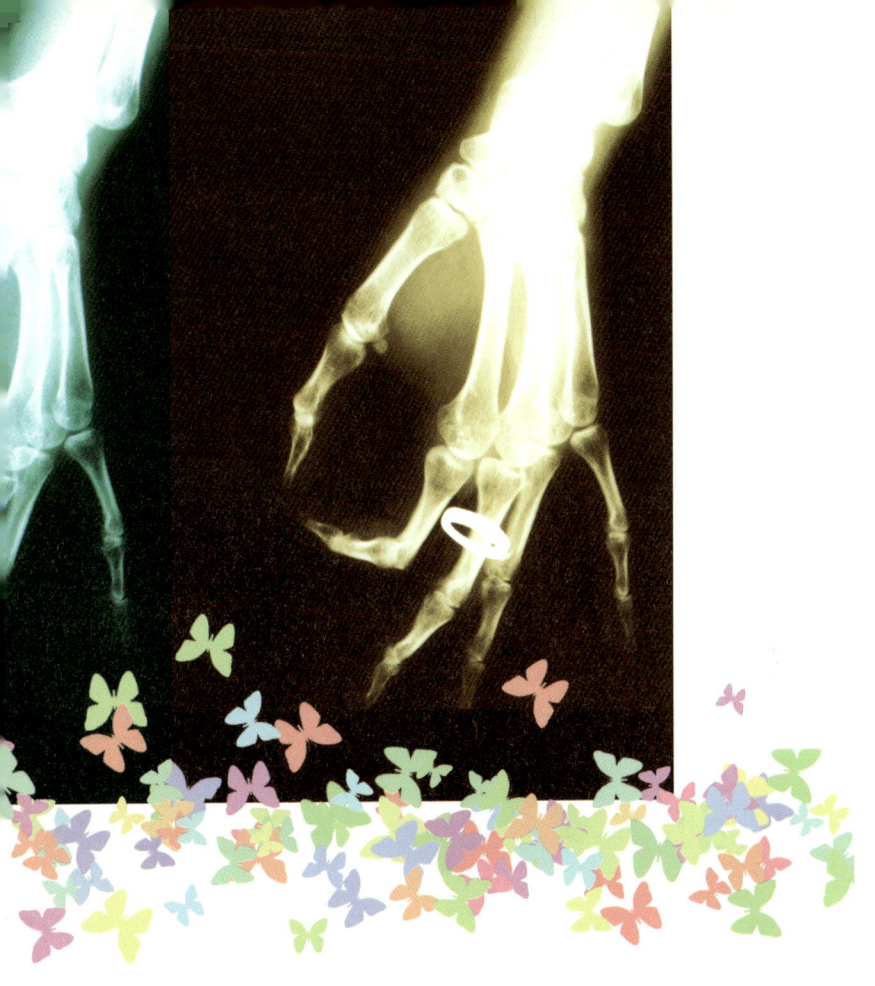

맨 밑에 성기와 항문사이
회음혈 자리의 빨간색으로 시작하여
빨주노초파남보의 순서대로
맨 위 머리끝 백회혈자리의 보라색에
이르기까지 일곱 색깔 무지개 색이
자리하고 있다.
가슴. 중단전에 자리한 초록색을 중심으로
아래 3개의 컬러(빨강, 주황, 노랑)과

위로 3개의 컬러(파랑, 남색, 보라색)이
아래는 땅의 에너지인 "지기"의 상징이고
위로는 하늘의 기운인 "천기"를 상징 하는데
천기와 지기가 만나는
중요한 자리가 초록색의 가슴이다.

이 가슴 중심에 우리 인생 삶의 토대를
든든히 세우고 살아가게 될 때
인간은 영과 육이 가장 조화롭고
균형이 잡힌 존재로서
살아갈 수가 있게 된다.

가슴 초록색의 자리는
풍요와 자연스런 흐름의 자리이며
어머니의 품과 같은 평안과 균형이 있고
우리의 근원과 연결을 이루고 있는
중요한 곳이기 때문이다.

우리 몸에 영양소가 결핍이 되면
어지럽거나 면역성이 떨어지고 병이 드는 등
건강에 여러모로 악 영향을 끼치듯이.

컬러에너지도 우리 몸에 결핍된 상태가 되거나
컬러 에너지들이 들고 나는 문이 닫혀 있거나

프렉탈아트 Body시리즈   2004년 作

의식적으로 억압이 된 상태가 되면
우리의 몸과 마음과 영혼에 이르기까지
나의 온 존재에 좋지 않은 영향을 끼치게 된다.
그래서 컬러와 우리의 몸은 떼놓을 수 없는
중요한 상관관계를 이루고 있다.

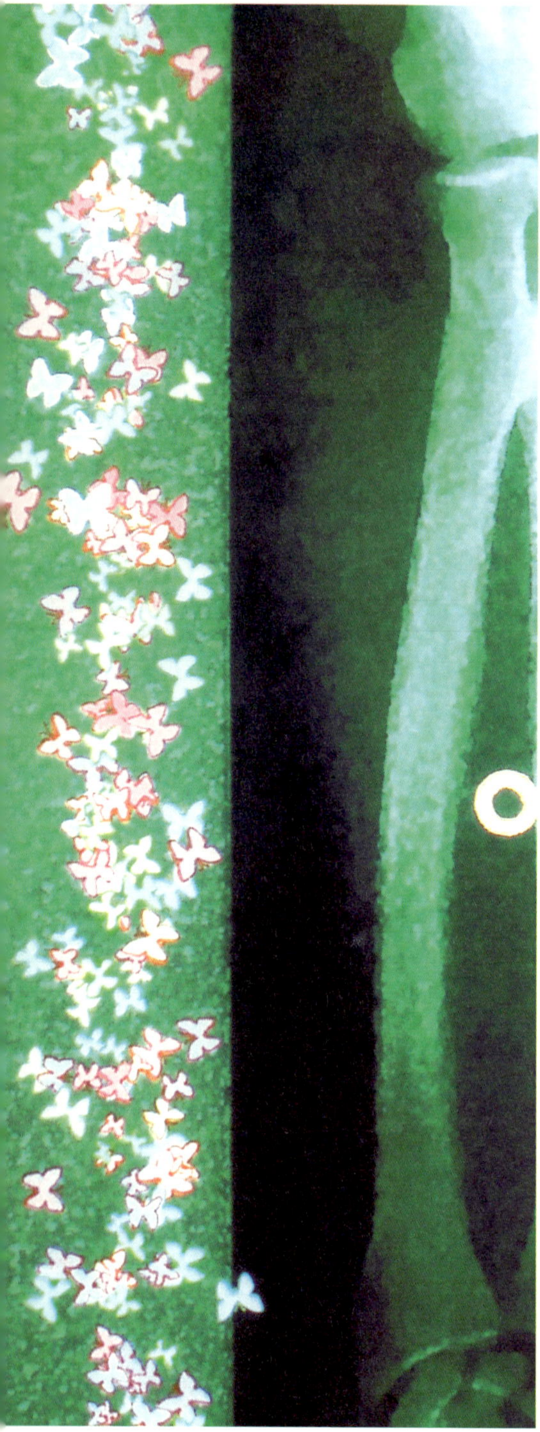

초록색의 가슴은 사랑이다.

엑스레이 필름(Body 시리즈)　2004년 作

우리 몸에 사랑의 에너지 센터는 초록색의 가슴에 있다.
여기를 중단전이라고도 하는데 가슴은 근원의 에너지와
연결되어 있는 중요한 자리이다.

아래로는 땅에 토대를 둔 빨강, 주황, 노란색을
위로는 파랑, 남색, 보라색의 하늘의 기운을 연결하여
조화와 균형을 이루는 센터가 가슴이기 때문이다.
노란색의 육적 자아인 에고의 의지만을 가지고
살아갈 때 우리는 아무런 만족도 없이 같은 패턴의
권태로움과 고통만을 경험할 뿐이지만
삶의 토대와 모든 주도권을 가슴의 에너지에 넘겨
든든히 세워 살면 콧노래를 부르는
신바람 나는 인생을 살 수가 있게 된다.

신나는 삶이란 말 그대로 내 안에서 신이 나와야
한다는 말인데 우리 가슴에 에너지 센터에는
우주 근본 우리 본향의 에너지와 연결된 자리이므로
여기서 나오는 신이 바로 사랑이며
우리는 사랑을 할 때만큼 기쁨과 살맛나는 일은 없다.

이 가슴의 에너지가 정체되어 막히는 것이
화병이나 심장을 조이는 협심증이다.
이런 병에 걸려있는 사람들의 공통점은
다른 사람을 사랑할 줄을 모른다는 것이다.
설령 사랑을 한다 하더라도 내가 사랑 받기 위해서
상대를 사랑해 주는 것뿐이다.

가슴이 막힌 응어리인 화의 에너지를 풀어내기 위해서는
초록이 가득한 푸르른 산속에 어머니의 품과 같은
자연의 색을 무한히 들이마셔야 한다.
무조건적이고 무한한 자연이 주는 사랑을 마시고
새롭게 회복하여 가슴에 사랑을 열어 주변 사람들을
사랑하기 시작하면 삶은 신바람 나는 콧노래가 된다.
이것이 초록색 에너지의 힘이다.

심장 발작을 일으키는 협심증이나 화병은
천기와 지기를 연결하는 가슴에 에너지가 뭉쳐
나타나는 병이고 병이 그곳에 있는 이유는
무엇인가를 가르쳐 주려는 몸의 메시지를 가지고
있다는 걸 알아야 한다.
이 땅에 몸을 입고 와서 일을 하는 이유는 단순히
먹고살기 위해서 만이 아니라 일이라는 매개를 통해
관계성 속에서 서로를 체험하며 성장해가기 위함이다.
그런데 성장을 위한 긍정적인 면보다는 화와 분노

분쟁과 갈등을 통해 가슴의 에너지만 막히게 되어
내면으로부터 흘러나와야 할 사랑의 통로를 닫아
버렸기 때문에 가슴은 내게 말을 걸고 있는 것이다.
얼른 열어서 사랑을 내 놓으라고.
그래야 건강하고 기쁨이 있으며
신바람이 나는 것이라고.

모든 병은 몸이 말하는 메시지를 담고 있기 때문에
몸이 하는 소리를 귀 기울여 듣고 병 뒤에 도사리고 있는
에너지의 문제를 풀어 해방시켜 주어야 한다.

초록색을 타고난 사람은 사랑의 가슴이 다른 사람보다
많이 활성화되어 있어 고통 받는 사람을 보면
그냥 지나치지를 못하는 성향이 있다. 그래서인지
봉사하는 것을 즐기고 대부분 다른 사람을 돕는 일을
많이 하며 살아간다. 성정이 모질지를 못하고
싸우고 갈등하며 분쟁하는 걸 무척이나 싫어하는
평화주의자 들이다.

사람은 사랑을 하지 않으면 사는 게 낙이 없다.
내가 살기 위해서라도 우리는 진정한 사랑이
무엇인지를 알고 사랑부터 해야 한다.
사랑을 한다는 것은 지금 여기 내 앞에 와있는
사람들을 오늘 여기서 그들의 소중한 가치를

인정해 주는 존중함으로 사랑을
내 몸에 익혀가야 한다.

나를 사랑해줄 사람에게만 마음을 열어주고
사랑을 하는 방식은 지구 차원의 계산적 사랑
패턴이지만 천국의 시민이 되기 위해서는
내 앞에 누가 와도 같은 마음으로 사랑할 수 있는
마음이어야 한다.
상대에 대한 부정적이고 나쁜 면만을 바라보는
시각을 바꿔 긍정적이고 가치 있는 면을 봐주려
주의를 기울이고 지금 여기서 함께
살아있는 생명의 가치를 소중히 여겨주는
사랑을 해야 한다.

사랑을 하면 무한한 기쁨이 있다.
기쁨이란 나와 내 주변과 지구와 우주까지 공명을
일으키는 천국을 구성하고 있는 에너지가 바로
기쁨이다.
이 기쁨을 일상에서 일으켜 키워가는 마음은
고귀한 사랑을 하고 있는 아름다운 사람이다.
여기에 어찌 에너지 정체 현상이 있을 수 있으며
병이 생길 수가 있겠는가.
이 세상에 아무도 날 사랑해 주는 이가 없다고 해도
그걸 서글프게 받아들이고 우울한 에너지를 가슴에

뭉치도록 할 일이 아니라.
나는 내 앞으로 오는 그 누구라도 차별 없는 마음으로
이해하고 존중해 주는 가슴을 키워가야 한다.

이것이 지금 여기를 사는 기쁨이며 동시에 내가
천국의 시민임을 증명하고 사는 길이다.
사랑이 없는 사람에게는 평안이 없다.

초록색의 에너지가 들고 나는 문이 있는
가슴은 어머니의 품과 같은 평안의 자리이다.
나의 약함으로 인하여 상대를 깎아내리거나 폄하하고
있는 그 마음에는 결코 기쁨도 평안도 있을 수가 없다.

아무도 나를 사랑해 주지 않는다는 불만이나
고독을 느끼면서 왜 자신 안에 갇혀 있어야 하는가?
이미 사랑을 할 수 있고도 남을 만큼의 사랑을
속에 넘치도록 간직하고 있으면서 왜 꺼내 놓으려
하지 않는가.
자꾸만 자신의 허약함만을 키워가지 말라.
우리 안에는 이미 사랑이 있으면서 내가 사랑하기로
선택을 안 하고 있는 것뿐이다.

내 사랑의 크기가 어디까지 자라나 있는지를
알아보는 방법은 지금 오늘 내 가장 가까이 있는

사람들을 향해 사랑하는 마음이 있는지
내 앞으로 누구든지 와도 내 가슴을 열어 포용하고
사랑을 줄 수 있는 마음이 있는지 보면 알 수 있다.

수십 년. 일생을 다해 사랑을 말하고 종교 생활을 했어도
지금 내 앞에 있는 사람들의 살아있는 생명의 가치를
존중하고 소중히 여기는 사랑을 하지 못하고 있다면
그 사람은 천국과는 관련이 없는 사람이다.
죽은 다음에 천국 갈 생각은 언감 생심인 줄 알라.
천국은 죽은 다음에 가는 나라가 아니다.

우리는 모든 걸 제쳐놓고 사랑을 몸에 익혀가야 한다.
상대방이 어찌하든 내가 먼저 사랑을 몸에 익혀가야
새로운 약속의 땅에서 적응해 살아남을 수 있는
첫째 요건이 바로 사랑이기 때문이다.
이 세상 모든 것이 사라져도
사랑만은 영원하리라, 하는 약속처럼.

우리가 일생을 살아온 것들이 다 사라진다 해도
내가 했던 사랑만큼은 영원히 나와 함께 하는
삶의 결과이며 사랑은 영원한 나와 하나이다.

초록색의 사람들에게

초록의 사람들은 남다른 가슴이 열려있어
고통을 받고 아파하는 사람들을 보면
그냥 지나치지를 못하는 경향이 있다.
일반적으로 보통 사람들은 가슴이 아픈 것으로
그냥 지나갈 수도 있지만
초록색에 보라색까지 함께 가지고 있는 사람들은
영적 사명감 같은 것 때문에
다른 사람들에게 지나치게 주는 성향으로
자신의 에너지를 고갈시켜
고통을 받는 사람들이 많다.

초록의 사람들은 사랑의 가슴으로 다른 사람을 돌보는데
왜 이런 고통을 받아야 하는지 의문이 풀리지 않는
딜레마를 가진 영적인 사람들이라고 할 수 있다.
특히 치유를 행한다거나 그런 능력은 없을지라도
봉사를 하고 나면 남의 문제는 해결해 주면서 정작
스스로의 문제는 잘 극복이 안 되고 있는 경우를 말한다.

초록의 사람들이 갖는 사명감이란
보통 사람들이 이해하기는 어려운 사랑과 헌신의
마음을 날 때부터 타고나서 안에 이기심이나
자기중심적인 마음보다는 남들을 더 챙기는
아타심으로 사는 사람들이다.
이런 사람들은 종교적인 활동을 한다거나
종교 생활은 하지 않더라도 누군가를 긍휼히 여기는
마음으로 돕고 싶어 한다.
그런데 왜 이들이 주고 나서 고통을 받는가.

우리 몸에 노란색의 자리는 가슴 밑에
태양신경총이라는 자리이다.
에너지가 흐르는 샘물 같은 곳으로,
한방에서 말하는 경혈과 같은 것인데
노란색의 에너지가 들어오고 나가는 문이다.
이곳은 에고의 의지가 있는 야망과 힘을 내포하고
있는 육적 의지의 자리이다.
육적인 나는 나의 바램과 소원과 뭔가를
이루고자 하는 강한 의지를 가졌다.
고집과 아집 같은 자기주관, 그리고 새로운 것에
대한 쉼 없는 추구와 도전 정신이 있다.
가져도 가져도 만족은 잠깐이고
또 다른 추구를 향한 야망이다.
내 삶에 대한 의지의 토대가 노란색에

뿌리를 두고 있으면
휴식을 모르고 에너지를 소진해 지치는 동력만을
끊임없이 돌리게 되어있다.
내가 봐도 나는 참 피곤한 사람이라는 인식이라고나 할까.

이런 시기를 사는 사람들은 한 단계 차원을 높여
근원과 연결을 두고 있는 가슴에너지 중심으로
삶의 토대에 대한 주도권을 넘겨주어야 한다.

가슴에서는 나의 근원에서 들려주는
세미한 음성이 있다.
내 가슴이 진정으로 원하는 것과 열망하는 것이 무엇인지를
알고 있고 그 앎을 시시때때로 길과 방향을
나에게 가르쳐준다
이러한 내면의 음성과 동행을 할 때
사람은 가장 자기다운 삶을 살아갈 수 있으며
환경과 상황이야 어떻든 마음에 충만한 행복이
자리하고 있어 늘 기쁨이 머무는 자리이다.

이곳에서도 면밀히 바라봐야하는
내적 에너지 균형이라는 문제가 있다.
아직 가슴의 토대 위에 내 존재의 완전한 자리를
잡지 못하고 노란색의 배에 의지가 작동을
하게 되면 지나치게 주는 성향으로 나타나게 된다.

다른 사람들에게 주는 것과 받는 것의
조화로운 균형 감각이 만들어질 때
삶은 자연스런 충만함으로 안정을 이루게 된다.
지나치게 주고자 하는 내 의지는 어디서 올라오는
성향인지 주의 집중하여 관찰해볼 필요가 있다.
거기에는 내 의지가 있고 그 의지는
내 뜻을 이루고자 하는 생각이 앞서 있음을
볼 수 있어야 한다.
무엇인가 인정받고자하는 의지 또는
내가 빛나고 싶은 나도 몰래 들어있던 욕구들을.

도와주고 싶은 마음이 너무 커서
상대의 고통과 짐을 떠앉게 되어
에너지 불균형이 발생하기 때문에 신중해야 한다.
이러한 문제는 일반적인 사람들은 이해하기 어려운
성장을 어느 정도 이룬 자신의 몫을 찾아 사는
성숙한 사람들에 해당되는 이야기라 할 수 있다.

내가 아직 노란색의 토대 위에서 삶을 살아가고 있다면
에고와 겪음을 체험하는 시기이므로
나의 야망과 의지를 맘껏 펼치면서 살게 되리라.
그러나 여기에는 진정한 만족이나 쉼이란 없이
고단함이 있다.

노랑에서 초록의 가슴으로 삶의 토대가 옮겨지면
거기에는 본래 나의 근원으로 연결되는 길이 있어
에고를 겪는 방황을 끝낼 수가 있고
마음과 생활에는 안정과 평온을 맞이할 수 있게 된다.
어찌 보면 노랑이란 육적자아의 에너지 불균형을
치열하게 경험하는 시기라 할 수 있고
초록이란 어머니의 품속과 같은 안정과 균형을 이룬
영적인 자리라 할 수 있을 것이다.

나의 삶이 노랑의 토대에서
초록의 토대로 주도권 이양을 한다는 것은
내 존재가 진화로 가는 도약이다.

사랑도 용기도 없는 사람은
초록색 가슴으로
다가가라.

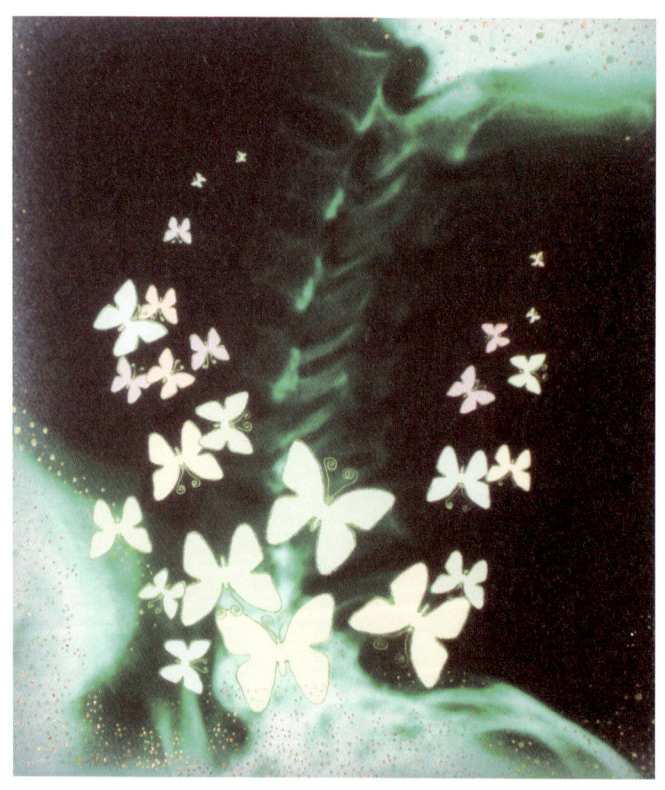

엑스레이 필름작업(부활)   2004년 作

4번 가슴에 초록색 에너지가 결핍되면
어려운 상황이나 난관을 버텨내지 못한다.
두려움, 낙심, 움츠러들거나 닫아버림, 위축감 등
용기가 없는 상태로 드러난다.
우리는 보통 성적인 매력에 이끌려서
좋아지는 감정을 사랑이라 하고
가족에 대해서 책임과 의무감을 가지는 것을
사랑이라 여기고, 감정적으로 파트너나 가족에게
집착을 하는 모습도 사랑이라 하고
아름답다고 이끌리는 감정도 보통 사랑이라 하는데
이런 것들은 사랑이 아니다.
자기중심적인 곳에는 사랑이 없다.
사랑은 이타적이며 상대에게 헌신적이다.

일반적으로 심장관련 협심증이나
화병을 앓고 있는 사람은
가슴에 초록의 에너지가 결핍되어
사랑이 없는 사람이라 할 수 있다.

가까운 주변 사람들과
인간관계가 원활하지 못하고
척을 짓고 사는 경우가 다반사다.
화병이나 협심증과 같은 심장관련 병을
가지고 있는 사람은
스스로 사랑이 내 안에 부재함을 인식하고서
사랑을 불러일으킬 수 있는
4번 초록의 에너지 센터를 건강하게
사랑으로 회복시킴으로써 스스로 치유할 수 있다.

치유할 때 사랑의 에너지가 보태지거나
가르칠 때 사랑의 에너지가 더해지면
그 효과는 상상을 초월한다.
심각한 문제아도 초록색에 사랑이 더해져서 이끌어 주면
바로 개선이 될 수가 있으며
사랑하는 사람 앞에서는 자신의 일상적인
한계들을 쉽게 극복하고 초월해버리는 힘이 나온다.

사랑은 길을 놓쳐 방황할 때나 공허함이나
외로운 고독 등에 확실한 해답이며
사랑만큼 큰 에너지는 없다.
성장은 사랑 속에서 이루어진다.
사랑결핍은 내면의 성장을 멈추게 한다.
용기 없이 위축된 부모 밑에서

성장한 사람은 아이를 돌보거나 자연을 돌볼 수 있는
에너지가 일반적인 사람보다 월등히 부족하여
문제점을 많이 드러낼 수 있다.
가슴에 초록의 에너지 센터는 위로 신령한 3개의 에너지들
(소통, 신령한 눈의 직관력, 영적 통합을 이루는)과
아래로 3개의 에너지들
(현실적인 능력, 사회성, 지성과 의지)을
하나로 연결하는 다리와 같은 중요한 위치에 있다.
가슴 초록의 에너지가 건강하지 못해 균형을 잃게 되면
아래 위의 모든 기능들이 한꺼번에 부조화 상태로 삶은
고통의 연속에서 벗어날 수가 없게 되며 성장할 수 없는
상황이 된다.
가슴에 초록의 에너지 상태가 건강하지 못하면
당연히 육체도 건강할 수가 없다.

초록의 가슴, 사랑의 에너지를 활성화해서 건강하게
회복시켜내는 일은 일생에 무엇보다 중요한 일이다.
그런데도 사랑이 없는 가슴은 주변 사람들에 대한
관계성 회복을 위한 용서의 마음이나
사랑의 마음을 갖는다는 건 불가능해
보일만큼 큰 벽을 느낀다.
4번 에너지 센터가 닫혀 있거나
병들어 있기 때문이다.
근본적인 원인에 대한 교정에는 관심이 없고

아프고 고통스러워도
관계성을 회복하는 것 보다는 이대로 견디면서
병원에 다니는 쪽을 선택해 버리는 이들이 더 많은 것 같다.
병이 깊은 상태가 되면 이러한 옹고집 같은
마음의 단단함을 버리기 쉽지 않다.

다른 사람을 미워하거나 용서 못하는
사랑 없는 가슴은
내 몸과 마음에 온갖 병을 끌어들이는 원인이 된다.
이런 상태에서 누군가를 돕거나 봉사를 한다는 건
쉽지 않은 일이다.

성숙한 인간으로 성장해 가면서 스스로 건강하고
주변을 도와 함께 조화를 이루는 상생으로 나아가게 하는
에너지의 원동력이 바로 사랑의 에너지이다.
이 에너지 공급이 때에 맞게 이루어지지 못하면
그 결핍으로 인해 내적인 성장은 멈추고
몸과 마음에는 병을 얻게 된다.
이런 상태는 주변 사람들과의 관계도
당연히 원만하지 못하고 자연을 사랑하는 마음이나
어린 아이를 돌보거나 누군가를
양육할 수 있는 에너지 부재 상태이다.
오로지 나 한사람 버티고 서 있기도 버거워서
다른 사람들은 부담스런 존재로 느껴질 뿐이다.

이럴 때는 가슴에 손을 얹고 내 영혼과 대화를
시도해 보라. 되도록 자주 가슴으로 다가가라.
거기에는 내가 어찌하지 못하는 근원과 맞닿아 있는
초월적인 사랑의 에너지가 있는 샘이 있는 곳이다.
모든 사람에게는 동일하고 공평하게 주어진
사랑에 반응하는 시스템이 있다.
의식적으로 자각을 하는 사람이건
그렇지 못하는 사람이건 인간은
누구에게나 이 사랑의 주파수 에너지에 반응한다.
내가 할 수 없는 것을 가슴에 떠넘기면 가슴이 알아서
이끌어가게 하는 이 길은
육체가 '나'라는 인식을 바꿔
'영혼이 나'라는 주체가 바뀌는 순간이다.
누구나 사랑으로 자리를 깔아주면 당당하게
활동을 해나가듯이 나의 영혼도 내가 몸 중심으로
내 의지만을 가지고 살아갈 때는 뒤에서 조용히
기다리면서 숨죽이고 있지만 내가 적극적으로
가슴에 손을 얹어 주인의 자리를 내어주고 응원을
해주면 내 영혼은 신이 나서 행복한 자신의 행로를
스스로 걸어가게 된다.
이 길만이 내가 제대로 된 주인으로 사는 길이다.
매일 매 순간마다 무시로 깨어서 내 가슴으로 다가가
내가 감당할 수 없는 사랑 없음을 고백하고 도움을 청하라.
그러면 내 영혼은 좋아서 행복한 춤을 추며

사랑을 불러일으키는 활동을 시작하게 될 것이다.
우리는 무조건 내 영혼과 친해지고
내 영혼과 소통할 수 있는 감각의 촉수를 민감하게
해 나가야 한다,
돈과 물질의 가치가 사람 위에 있는 지금은
그길 만이 살길이다.
내 가슴은 내 원함을 누구보다 가장 잘 아는 유일한
길임을 인식하고 가슴을 따라가라.
가슴에 진짜 내가 있다.
사랑이 가슴에 있고 나의 근원 에너지가 거기에 있다.
내 가슴과 소통할 수 없는 사람은
자신의 존재를 잃고 방황하는 어둡고 아픈 사람이다.

초록색의 날은 토요일이다.
우주로부터 초록의 에너지를 듬뿍 받기 위하여
토요일은 초록의 옷을 입거나 넥타이 또는
액세서리 소품들을 이용해 한껏 멋도 내보고
숲에서 초록의 에너지 파장을 마시고 흡수해보자.
비타민 영양소가 부족하면 몸에 이상이 생기듯이
초록색 에너지 파장이 결핍되면 수많은 문제들이
뒤 따라 오게 된다.
초록의 에너지 잘 챙겨먹고 몸과 마음에
건강을 챙겨보자,

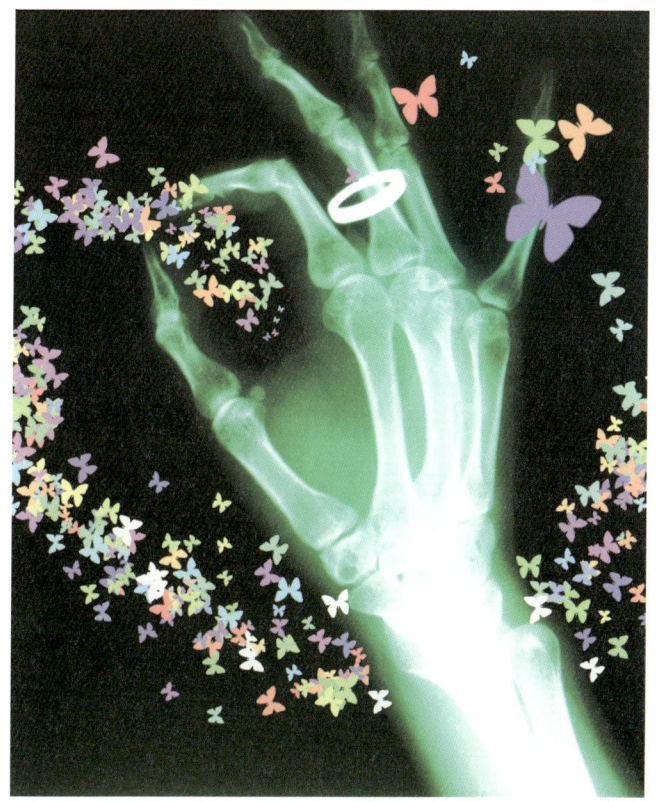

엑스레이 필름작업(창조)   2004년 作

참고로 일요일은 우주로부터 주황색 에너지 파장을 공급받을 수 있는 날이니 일요일은 주황색으로 연출을 해보면 좋을 것이다.

만나는 인연마다

만나는 인연마다 '척 지지' 말고
인연은 받아들이되 집착은 놓아 주어라.

인생은 너무 좋아도 집착이 생기고
미워도 괴로움이니
사랑도 미움도 놓아두고
내 영혼의 길을 따라가라.

그 길은 그대의 가슴에 있느니
날마다 자신만의 시간과 공간을 가지고
가슴에 손을 얹어라.
그리고 마음과 의식을 가슴에 집중하여
내 영혼의 소리를 듣기 위해 귀를 기울이라.

내가 알고 싶은 것들을 묻기도 하고
내 영혼은 진정 무엇을 원하는지도 물어 보라.

이 영혼의 길을 외면한 채 사는 것은

안개 속을 걷는 방황의 길이니
당신의 가슴, 당신 자신에게로 돌아가라.

오직 그곳에만 길이 있느니
나 자신이 주인이 되는 길로 따라가라.
내가 주인이 되어 살 수 있을 때에야 비로소
진실한 사랑을 하게 되리라.

그 때 하는 사랑은
집착은 사라지고 연기가 아닌
실제 하는 삶이 되리니
그 사랑의 길을 따라가라.

이 세상 모든 것이 사라져도
사랑만은 영원하리니
사랑은 모든 생에 에너지의 근원이라.

사랑의 시련

내가 지금 겪고 있는 이 현실을
무시하거나 외면한다면
깨달을 수 있는 기회를 또 놓친다.

내가 맞이한 지금 이 현실은
내가 깨닫기 위한 최적의 조건이다.

모든 고통은 내가 어른이 되도록
더 큰 부모가 될 수 있도록 돕는다.

인간은 육체의 부모를 위한
길만이 있는 것이 아니라
우주의 부모로서 성장해 가야하는
영원한 진화에 대한 숙제가 주워진
피할 수 없는 운명이 있다.

이것은 부담스런 짐이 아니라
성장의 기쁨과 생명의 환희를 동반한

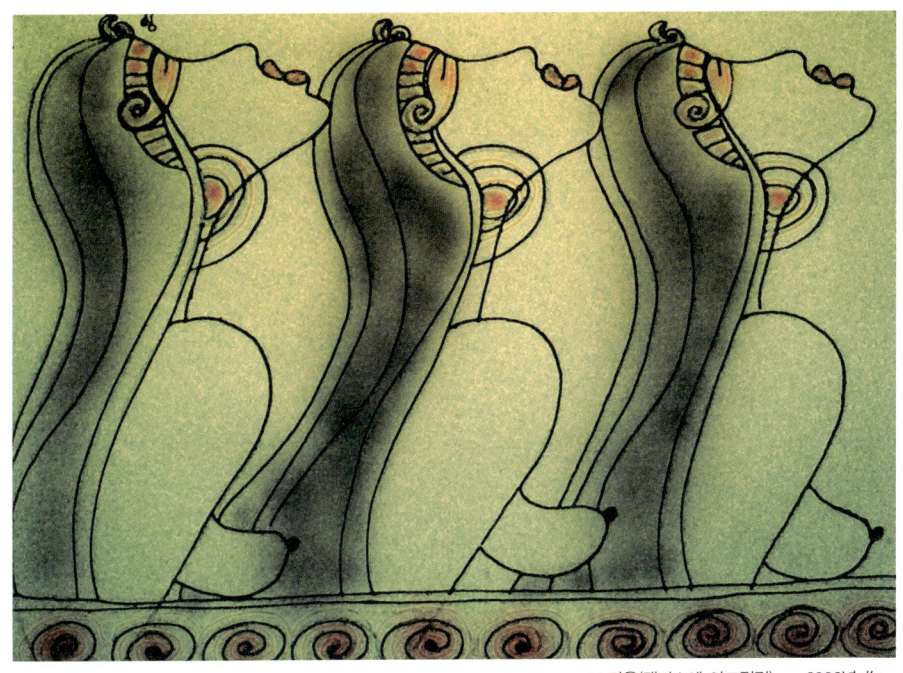

그리움(캔버스에 아크릴릭)　　2006년 作

우리 모두의 몫이다.
내가 지금 겪고 있는 이 현실을
무시하거나 외면한다면
깨달을 수 있는 기회를 놓치고.

또 다른 깨달음의 기회를 얻기 위해
같은 종류의 고통은 반복해서
오게 될 것이다.

내가 그 고지를 넘어서
그것을 능숙하게 다룰 수 있을 때까지.

삶은
내 앞으로
흐르는 강물

삶은
내 앞으로 흐르는 강물입니다.

너 죽고 나 죽자 하며 다투던 일도
수 년 전에 흘러가 버렸고
하늘이 무너질 것 같던 일도
흘러가 버린 지 오래입니다.

삶의 물살은 요란한 소리를 내며
오늘도 흘러가고 있습니다.

모두가 흘러가버리면 그만인 것을
사람들은 붙잡으려 하고
가두려 합니다.

멈추는 물은 썩고 악취가 나듯
모든 것은 마음에서 흘려 보낼 때
건강하고 아름답습니다.

그저 내 앞으로 흘러가는

삶의 물살을

바라보고 있는 나는

내 삶의 관조자 입니다.

엑스레이 필름(부활)　　2004년 作

원상화(에덴의 사랑) 2013년 作

3부

에덴은 지혜롭고 강한 자들이나 차지할 수 있는
파라다이스라는 멋진 영토다.
우리가 이 땅에서 에덴의 파라다이스를 이루고 누리면서
지속시키는 것은 우리 스스로의 몫이다.
에덴의 행복은 강한 사람들의 몫이다.

아름다운 사랑의 로맨스를 꿈꾸고
기대하는 사람들이여! 강한 힘부터 길러라.
실낙원은 허약한 자들이 못 지켜서 쫓겨난 영토가 아닌가

애인 없으면 불구자 취급하는 한국사회 성문화

「세상이 밝아지면 마음도 밝아서
속임수나 꾸밈과 의도함이 말속에 섞이지 않는
순수한 가슴으로 소통하는 세상이 될 것이다.

그런 날이 오면
섹스는 오로지 사랑을 위한
축하로서 사용될 것이다.」

한 달에 정해진 같은 책 한 권씩을 읽고
책에 관한 이야기를 나누는 성숙하고 지적인
건전한 모임에 나갔던 때가 있었다.

그 모임에 못 나간 지가 벌써 십오 년이나 훌쩍 넘어
요즘 그분들은 어떻게 살고 있나 궁금하던 차에
그 독서 토론회 모임의 멤버 한 분을 몇 년 만에
서울에서 만나게 되었다. 골프를 치시기 때문에
그분만은 근황을 좀 알던 터였다.

그새 나이가 많이 들어 보이는 것이
당신도 세월을 비켜갈 수는 없었구나
하는 생각이 들만큼
얼굴 피부가 70대 같이 들어 보여서
움찔 놀라지 않을 수 없었다.
'안 본 동안 많이 늙으셨네요' 라고
말을 할 수는 없지 않은가.

연세가 60 중반이나 되었다고 했다.
'벌써 그렇게 되셨던가요?'

'왜 태국 공주는 아직도 싱글이야.
좋은 세월 다 가버리기 전에
애인 좀 만들어, 인생 잠깐이야.'

남자들이야 요즘 약들이 워낙 좋아져서 70이 되고
80이 돼도 성을 즐기면서 살 수 있는 세상이 됐지만
여자는 폐경 되고 갱년기 지나면 끝이야.

여자로서의 수명이 짧다고. 알았어요.
'그러니까 웬만하면 눈높이 좀 낮추고 대충 골라서
즐기면서 살아요. 이 좋은 세상 그냥 보내버리면
한이 되고 그냥 가는 세월이 아깝잖아.' 그러신다.

평소 여자를 워낙 좋아하는 사람이라
태국에 골프를 치러 가도 태국 여자를 끼고 지냈던
호색가 회장님이다. 그분이 속한 골프모임 멤버들
모두가 그런 부류들이었다. 유유상종이라고 했던가.

'그럼 회장님은 애인 있으시겠네요?'
'당연히 있지요.'

골프장 전시 때 왔던 오십대 후반 박 회장은
여자가 다섯인데 요일별로 돌려가면서 만나고
관리하느라 정신이 없어 요즘 얼굴을 볼 수가 없네.

능력이 얼마나 좋은지 30대 후반 초딩 학부모라는데
남편보다 박 회장한테 미쳐있는 그렇게 젊은
가정주부도 있고, 대학 여교수도 있고 다양한데
절대로 남자가 안 움직여 박 회장이 오라는 데로
여자들이 알아서 다 온대.

몇 년 만에 만나서 고작 듣는 소리하고는

요즘 한국에서는 애인 없는 사람은 불구자
취급을 하는 세상이여.
자리에 앉자마자 요즘 우리사회 성문화
이야기로 시작을 했다.

태국 공주님은 그만한 미모에 멋진 스펙이라고는
다 갖추었는데 남자들이 가만 두는 게 이상해.
좀 헐렁하게 빈틈을 좀 보이고 있어야
남자들이 따르지, 하면서 이제는 제발
짝을 찾으라는 간곡한 말씀이다.

남자들은 나이 50대가 되면
마음이 조급해진다고 했다.
즐길 수 있는 나이가 얼마 안 남았기 때문에
더 발악을 하는 모습들 같다는 이 회장님의 이야기다.

독서 토론회 멤버들은 요즘 어떻게들 살고 계신가요?
하도 오랫동안 안 만나서 도통 소식들을 모르고 사네요.
그랬더니
매달 한 번씩 모여서
옛날처럼 똑같이 책 한 권씩을 읽고서 토론들을 하는데
요즘 달라진 풍속도는
일 년에 두 번은 3박 4일 수련회를 가요.
나도 잘 안 따라 다니다가 지난번엔 강원도로 간다기에
따라 갔었지.

낮에는 프로그램을 진행하고
밤에는 이것들이 그룹섹스들을 하는 거여. 그래서 내 방문은
잠가버렸지 못 들어오게. 요즘 그렇게들 살더라고... 그러신다.

몇 년 만에 만나서 듣는 소식이란.
요즘 성문화 세태에 관한 화제뿐이다.
이 분의 관심사가 오로지 그쪽에 꽂혀 있는 사람이니
어쩔 수가 없는 모양이다.

저녁식사를 마치고 차를 한잔 하다가
더 이상 듣고 있자니 그냥 일어설 수도 없고
제가 컬러 진단해 드려볼까요? 하면서
그분의 컬러를 보니 아니나 다를까
짙은 종교성에 성관련 숙제를 풀고 있는 사람이었다.

그래서인지 젊은 날 좋은 직장을 다니다가
갑자기 사표를 내고
신학교를 갔다가 전도사 생활도 했었고 종교의 신비를
체험한 이야기로 갑자기 신이 나셨다.

인생의 숙제를 성 문제로 풀고 있는 사람이다 보니
온통 여자이야기, 성 관련 이야기 일색인데
문제는 빨간색에 관련된 부분이 심각하게
병이 들어 있는 상태가 보였다.

본인은 왜 그런지도 모르고 여자를 탐하여
방황하는 마음이 스스로 컨트롤이 안 돼
힘이 들어 보였지만
깊은 이야기는 더 할 수가 없어
지금 전 세계적으로 몸살을 앓고 있는
성추행 사건들 성 범죄 관련 문제들을
빨간색과 연결하여 역사적인 흐름 따라 풀어줬더니
상당히 놀라는 눈치였다.
컬러로 이렇게 심오한 인생의 문제들이
술술 풀려 간다는 게 참으로 신기하구만.

컬러진단을 해 드리고
좀 일찍이 헤어졌는데
다음날 전화가 왔다.
컬러 이야기를 더 듣고 싶다는
의사 표현을 그 후로도 몇 차례 해 왔지만
바쁜 일정으로 거절을 할 수밖에 없어
다시 만날 수는 없었지만

그 분은 하루라도 빨리 치유가 필요하고
진지하게 인생의 숙제를 풀어가야 하는
그분 입장에서 보면 아직도 방황하고 있는
모습이 안타깝지만 하다.
그분의 이야기를 듣다보니 방송뉴스마다에서
시끄러운 상황 못지않게 우리 삶의 주변 현실이

참 많이 병들어 있는 상태라는 걸
확인할 수 있는 계기가 되었다.

인간에게 주어진 소중한 성이라는 선물을
이렇게 다루고 사용하라고 주어진 것인가.

나이 60이 넘었다는데 아직도
그렇게밖에는 모른단 말인가.

대학도 나오고 유학까지 다녀오는 공부를 했고
종교적인 심취로 성직자의 삶을 살아보기까지
남다른 화두를 안고 살기도 했으련만
이렇게까지 마음이 어두울 수 있을까.

지금 시대가 너무 어둡구나 하는 생각이 드는데
이 어둠을 어떻게 깨워야 할까.

빨리 우리의 마음이 밝아지는 세상이 와서
앎에 대한 명쾌함이 있고
들은풍월의 지식이 아닌
온 몸으로 존재가 알게 되는
생명 있는 앎으로 사는
세상이 되면 얼마나 좋을까.
세상이 밝아지면 마음도 밝아서
속임수나 꾸밈과 의도함이 말속에 섞이지 않는

삼족오시리즈(사랑·빛·신의 가슴으로)   2004년 作

순수한 가슴으로 소통하는 세상이 될 것이다.

그런 날이 오면
성은 오로지 사랑을 위한
축하로서 행해지고

그 사랑은 시로를 가장 존귀한 순간으로
자신들을 볼 수 있게 해주는 환희가 될 것이다.

보지와 쟈지는
무슨 색일까?

골프 누드시리즈(벗을수록 아름답다)   2007년 作

보지 자지는 빨간색이다.
빨간색은 땅의 지기를 대표하는 컬러로
땅의 생명에너지요, 오로지 생존을 위한
배움을 주어 성장하게 하는 에너지이다.
천기(하늘의 기운)가 아비의 기운이라면
지기(땅의 기운)는 어미의 기운이다.
생명을 받아서 품어 기르고 순응과 수용과
평화로운 사랑 에너지의 대표이다.
빨강은 물질에너지이고, 생명에너지이고
삶의 기초이며 지금 여기의 현실이며
인간 존재의 가장 기본이 되는 토대이다.
빨간색의 에너지가 우리 몸에서 비타민 영양소들처럼
결핍되거나 병이 들고 억압된 상태가 되면
삶은 고통스럽고 무질서하며 비현실적이고
무기력한 삶이 된다.

지금 인류의 두려움과 불행은
이 토대가 잘못된 것으로부터 나왔다.
수치스럽고, 부끄럽고, 천박하고
내 놓고 말할 수 없는 금기이기도 하다.
수녀나 수도승이나 신부들이 성을 배제시킨 것으로
사람들은 성스럽게 신뢰감을 더해 주거나
또는 상대방을 향해 가장 심한 욕설을 퍼부을 때도
그쪽 부모의 성기를 가지고 만들어낸 말들이다.
성을 억압하고 배제시켜 버리면 좀 더 멋지고
신뢰감을 주며 성스럽게 보이고 반대로
상대방을 가장 경멸하는 욕이 또한
성적인 표현이 되는 것은
인간 스스로가 만들어낸 관념이다.
박근혜 대통령도 대선 출마 때뿐 아니라 지금도
독신이라는 것에 얼마나 많은 점수를 받아 왔는가.

성을 있는 그대로 볼 수 있는 능력 없음이
우리를 얼마나 허약하게 만들고 고통을 가져 오는
원인이 되는 지를 인식할 수 있어야 한다.
인류가 이것을 극복하지 못한다면 성장은 멈추고
고통과 저속한 짐승수준에서 벗어날 길이 없다.

보지 자지를 실제로 볼 때
내가 말할 때, 그리고 다른 사람이 말할 때

우리는 안에서 아무런 느낌이나 선입견이나
다른 에너지들의 움직임 없이 순수하게
볼 수 있는 능력이 있는가.
내 자신을 들여다볼 필요가 있다.
그 느낌과 선입견이 어디로부터 생겨나서
내 안에 들어와 자리잡게 되었는지를.
그만큼 우리 안에는 내 의지와 상관없이
다른 이미지와 느낌들과 선입견들로 만들어진
에너지들의 움직임이 수도 없이 많다는 것이다.

성은 성이다.
보지는 보지이고 자지는 자지이다.
더러운 것도 깨끗한 것도 아니며
옳은 것도 그른 것도 아니며
틀린 것도 나쁜 것도 아니다.
그냥 성은 성이고 성의 기능이 있을 뿐이다.
다만 내 생각이 있고 판단이 있을 뿐이다.
그 판단이란 들은 풍월이요, 남들이 주입한 기준이며
집단 최면에 걸려있는 무의식적 노예상태 아래
갇혀버린 내 의식 상태를 볼 수 있을 뿐이다.
병든 조상들의 의식을 유산으로 이어받은 잘못된 유업이다.
보지 자지는 욕도 아니고 천박함도 아니고
부끄러워서 입에 올릴 수 없는 수치가 아니다.
우리는 어린아이들처럼 순수한 의식으로

깨끗하게 빈 마음에서 나오는 말로 말하고
볼 수 있는 원점, 근원으로 돌아가야 한다.
본래 순수했던 에너지들을 사람들은 너무도 많은 변형과
변질을 시켜 놓았고 그만큼
그에 대한 막중한 책임이 우리 모두에게 있음을
이제는 인식할 수 있어야 한다.
지금의 시대는 그만큼 밝은 세상이 되었고
인터넷이나 모든 매체들을 통해
다 열려버린 세상이 돼버렸으니 어른들이 아이들을 향해
더 이상 감출 수도 없게 되었다.
이제는 있는 그대로를 말해줘야 하고
변질된 부분들에 대한 에너지들을 바로잡아
균형이 생겨야 한다.
성 에너지 불균형으로 개인이 겪는 혼란과 고통
그리고 사회적으로 우리 모두가 겪고 있는 성 관련
범죄나 불안을 조성하는 무서워진 사회를 바로잡을 수 있으려면
우리가 성을 보는 내면에서 순수하게 볼 수 있어야 한다.

산은 산이고 물은 물이다.
성(SEX)은 성(SEX)이다.
보지는 보지이고 자지는 자지이다.
변형된 에너지를 각자 내 안에서 모두 빼내버린 순수에서
있는 그대로 바라볼 수 있는 눈이 필요하다.
세상에 있는 모든 것들을 있는 그대로 볼 수 있는 능력을

내면에서 기르는 일만큼 중요한 것이 또 있을까.
어제는 웬수같이 미운 저 사람도 오늘 다시 보면
좋은 사람도 나쁜 사람도 아닌 그냥 '사람'으로 볼 수 있다면.

내가 오늘 태어나 처음으로 맞이한 세상을 대면하듯
사람도 세상도 있는 그대로 볼 수만 있다면.

우리가 판단하는 것으로 변질, 변형돼버린 에너지들은
우리의 창조물이 되어 으르렁대며 겁을 주는 성 추행
성 관련 범죄사건 투성이의 어두운 사회를 만들고
두려운 현실을 만들어내어 우리 모두의 체험이 되게 하고 있다.

판단은 본래 있던 순수 에너지들을 변형시키는 주범이니
우리의 판단을 내려놓으면 된다.
우리의 후손들이 해맑은 순수 에너지 속에서
살 수 있는 사회가 될 수 있도록.

에덴의 사랑으로
가는 길

아름다운 로맨스를 지속시켜갈 능력도 없으면서
사람들은 늘 로맨스를 기대하고 꿈꾼다.

현실에는 없는 막연한 기대 속에서 만이 존재하는
그 환상적인 사랑의 로맨스를.

진정한 사랑의 로맨스는
에덴이라는 에너지 속에서나 실현 가능한
강한 능력을 말한다.

약함은 죄로 가는 빠른 길이며
그래서 악이 된다.
약함을 자랑으로 알거나 미화시키지 마라.

약함은 병이 들어 다른이에게 짐이 되는
고통을 잉태시키지만
강함은 모두를 이롭게 하는 능력이요, 힘이다.
그래서 강함은 아름다움이 된다.

강함의 최고 경지는 하나님이 되는 것.
하나님은 아름다움 중에 최고가 되는
인간이 가장 닮고 싶은 큰바위 얼굴이다.

허약함은 구걸하게 되는 결핍이요
홀로서지 못하는 의존적인 존재다.
관심을 구하고, 도움을 구하고, 인정받기를 구걸하고
사랑을 구걸하고, 언제나 구하는 것뿐이다.

약함은 뒤로 숨고, 열등하고
자기 합리화가 필요하고
감추고 위축되는 기운이고
자신 있게 공개하지 못해 눈치를 보고
억압하고, 통제하려 하고, 적을 만들고
독립적이지도 못한 에너지이다.

전쟁을 일으키는 사람들은 늘 자기 방어에
공격하는 약한 사람들이 하는 짓이다.

강함은 열고, 펼치고, 자신 있고, 풀어주고
강한 사람은 결코 공격하거나 적을 만들지도 않고
그럴 필요성도 느끼지 않는다.
강하면 여유 있고, 넉넉하며,
당당하고 평화롭기 때문이다.

약한 사람에게 아름다운 사랑의 로맨스는
지속성을 갖지 못해
얼마를 유지해 갈 수 있을까, 의문이다.

약함은 불안정하고, 보장된 것이 없으며
가리고 늘 숨기는 비밀이 많다.
자신이 없기 때문이다.

아름다운 사랑의 로맨스는
강한 사람들이나 가질 수 있고
다 열어놓고, 자신 있고, 지속시켜갈 힘이 있다.

마음도 강하고, 몸도 강하고, 돈도 힘이고
지혜도, 문제 해결 능력도 강한 힘이다.

에덴은
지혜롭고 강한 자들이나 차지할 수 있는
파라다이스라는 멋진 영토이다.

생명은 무조건 강한 것이 아름다움이다.

시들거리고 빌빌한 생명은 감염되어
병들기 쉽고, 흔들리고 방황하여 유혹에 넘어가기 쉬워서
죄와 가까운 사람이 될 수밖에 없다.

하나님의 사랑은 자비롭고도 크지만
비실거리고 힘없는 가지는 말라 태워버리는
잔인한 공평의 사랑임을 알아야 한다.
허약한 생명은 스스로의 힘으로 유지를 하고
스스로 일어서지 않는 한 냉정한 우주의 질서
원리에 따라 도태되어 죽는 길밖에는 없다.

우리가 이 땅에서
에덴의 파라다이스를 이루고 누리면서
지속시키는 것은 우리 스스로의 몫이다.
강한 자들의 것일 뿐이다.

이런 논리에 발끈하여 반박을 하는 사람들도 많지만
이것은 엄연한 자연의 섭리요, 거스를 수 없는 진리이다.

병아리가 숨을 할딱거리며 죽어가고 있을 때
옆에서 도우려하는 수많은 방법들을 다 동원해 봐도
병아리 스스로 생명을 지켜낼 힘이 없으면

그 많은 도움들은 소용이 없게 되고
결국 죽게 되는 경우는 흔한 일이다.

생명은 무조건 강해야 살아남고 아름다운 것이 된다.
에덴의 행복은 강한 사람들의 몫이다.

아름다운 사랑의 로맨스를 꿈꾸고
막연하나마 기대하는 사람들이여
강한 힘부터 길러라.

실낙원은 허약한 자들이 못 지켜서 쫓겨난 영토가 아닌가.

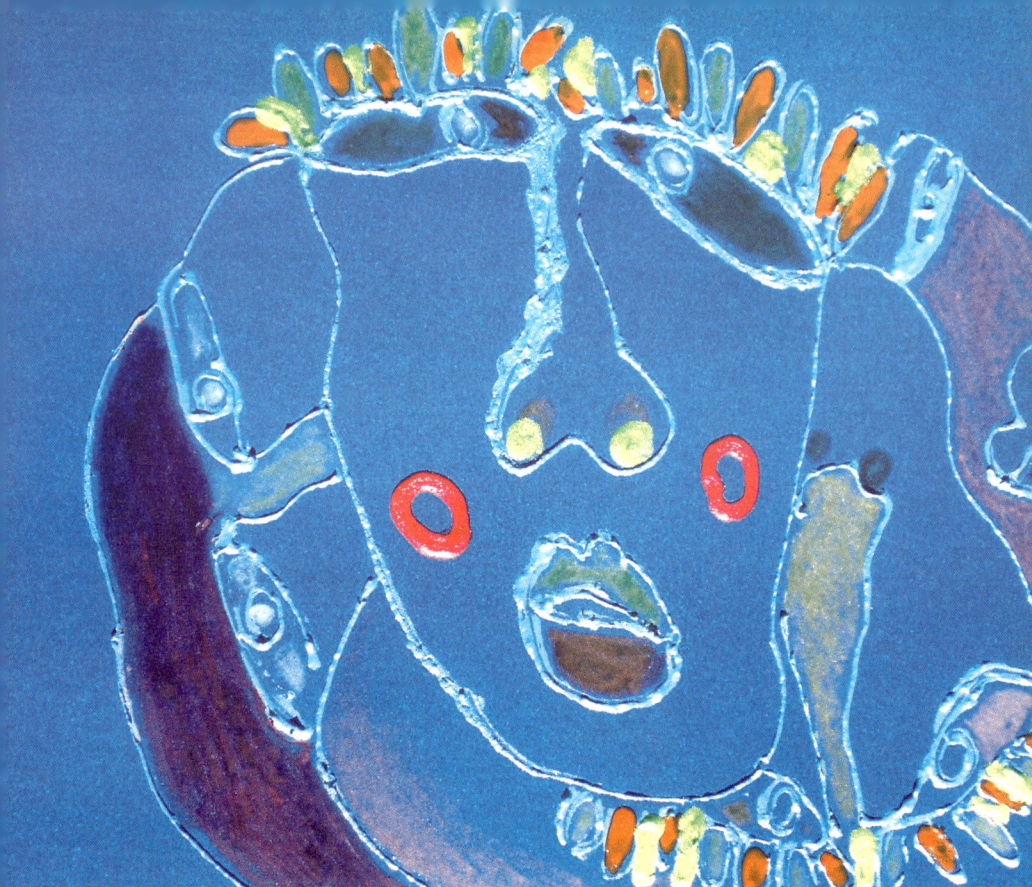

파란 원상화 2013년 作

파랑을 사랑하자,
파란색의 영향력이란

파란색은 소통의 에너지 파동을 가진 색이다.
파란색 에너지가 들어오고 나가는 문은 목 부위
혼문이라고도 하는 갑상선 부위에 있다.

갑상선 호르몬에도 영향을 미치는 파랑에너지가
결핍되거나 이상이 생기게 되면 갑상선 호르몬에
이상이 생길 수 있고 주변의 변화들에 민감한 반응을
하게 되며 감정 통제 안 되는 문제가 발생할 수 있다.

목 부위의 파란색컬러에너지가 잘 활성화 되어
건강한 사람은 말을 해도 시가 되고
침묵을 해도 좋은 메시지의 전달자가 될 만큼
소통 능력에 탁월한 사람, 협상의 달인이다.

파란색의 에너지가 들고 나는 문이 막히거나
결핍이 되면 혼문이 막혀
신성한 하늘의 지혜로 나아갈 수가 없게 되고
깨달음을 얻지 못하게 된다.

인생에 진장한 의미도 발견을 하지 못해 방황을
하거나 부와 명예만을 추구하는 속이 허한
상태에 빠지고 만다.

파란색을 타고난 사람은 말을 아주 잘하기 때문에
커뮤니케이션 능력에 탁월해서 협상을 한다거나
중요한 설득력을 발휘해야할 때에는
파란색의 사람을 내세우는 것이 성공의 비결이라
할 수 있다.

파란색의 사람들은 가르치는 일에 적성이 잘 맞아
교사, 변호사, 상담사, 교수, 강사, 종교 지도자 등의
직업이 잘 맞는다.

파란색의 아이들은 어려서부터 말을 아주 잘한다.
의사소통 능력이 뛰어나다.
아이가 파란색을 타고났다면 커뮤니케이션과
관련한 방향으로 진로를 설정하면 좋을 것이다.

파랑의 에너지 파장에는 긴장을 완화시키고
신경안정을 주는 힘이 있어
휴식을 가져다주는 색이며
불면증으로 고생하는 사람들에게 잠옷이나
침구들을 파란색으로 활용하는 것은 숙면에
도움을 준다.
파란색은 전 세계 젊은이들이 가장 선호하는
새이고 한국 사람들도 가장 좋아하는 색으로
파랑을 선택해 48%나 된다는 통계가 있을 만큼
인기가 좋은 컬러다.

목 부위에 이상이 생겨 감기 초기 증세라든가
편도선이 부었다거나 아나운서들이 목을 잘 관리해야
한다거나 성악가들의 평소 목 관리를 위해서는
파란색의 실크 천이나 면, 모시 등 자연에서 얻어진

에너지가 있는 파란색 천을 사용하면 도움이 된다.
잘 때 두른다거나 패션에도 활용을 하면서
늘 목 가까이 두는 것은
파란색의 파장을 받아 목 건강관리에 좋은
방법이 될 수 있다.

합성 섬유에는 에너지가 없어 컬러 파장의 효과는 있다 하여도
자연의 에너지를 갖고 있는 부드러운 실크 천이나 면은
평소 사용하기에도 질감이 좋고
활용도가 높다.
파랑은 음식을 맛없게 보이도록 하는 다이어트 색이며
남색, 보라색과 더불어 하늘의 기운인 "천기"에
해당하는 영적인 컬러다.

건강 외에도
컬러의 각기 다른 파장들은 우리의 감성을 자극하여
정서적인 컨디션에 많은 영향을 주게 된다.
사용하는 사람도 보는 사람도 즐거운
컬러의 적절한 활용은
건강도 챙기고 기분도 업 시키고
나를 봐주는 사람들까지도 활력을 불어넣는
좋은 서비스가 될 수 있으며
일상생활에 생기를 더해주는 지혜라 할 수 있다.

만남

나 혼자는
아무것도 아닙니다.

나 혼자서는
그냥 나일 뿐이지만
나는 누구를 만나느냐에 따라서
어떤 사람이 됩니다.

좋은 사람이 되기도 하고
나쁜 인간이기도 하며
어떤 만남은 추락의 길이 되고
어떤 만남은 무한한 사랑과
상승의 길이 되기도 합니다.

인생은 만남으로 시작해
만남으로 역사를 이루고
나를 새롭게
창조해 가는 기회요.

그래서 만남은 나를 키우는
하늘의 선물입니다.

우리는 누구를 만나느냐에 따라
새로운 인생의 역사를 쓰기 시작할 수 있습니다.

아프리카 여인들　2011년 作

프렉탈아트   2005년 作

지구의 사랑방식에서 우주의 사랑 방식으로 전환해야 한다.

스마트폰의 진화나
인터넷 정보와 과학 발달의 속도보다 더 빨리
인간의 의식 수준이 높아져야
그것들을 다룰 수 있는 능력이 있어 재앙을 막을 수 있다.
우주적 사랑의식으로 다룰 수 없는 기술은
내 자신을 해치는 흉기가 되기 때문이다.

똑 같은 돈인데
어떤 사람이 쓰면 추해 보이고
어떤 사람이 사용하면 아름다운가.

똑같은 언어를 가지고
어떤 사람이 쓰면 악하고
어떤 이가 사용하면 시가 되고
영혼의 울림을 주는 감동이 되는지.

모두가 사용하는 문장들 언어들
같은 말을 가지고 어떻게 조합을 해내기에
사람의 내면을 정화시키고 치유해 내는가.

어떤 사람이 그림을 그리면 어둡고
칙칙하여 마음까지 우울해서 보기가 거북한데
어떤 이가 그림을 그리면 시선이 머물러
떠날 줄을 모르는 감동과 평안을 주는가.

같은 돈, 같은 언어, 같은 붓을 들고도
전혀 다른 맛을 내는 것은
그 도구의 문제가 아니라
그 도구를 사용하는 사람의
내적 에너지 상태의 문제다.

내 안에 무엇을 담고 있느냐가
밖으로 나와지는 표현이 바로
우리들이 경험하는 세상이다.

사람들이 내놓은 것들 속에서
우리는 맛보고 체험을 하며 살아가고 있다.

내가 사용하는 말은
어떤 에너지를 내고 있고

내가 사용하는 돈은
어떤 유익을 가져오고 있으며
내가 칠하는 인생의 색깔들은 어떤
아름다운 그림을 그려가고 있는 것일까.

지금은 밖으로 무엇을
표현하고 드러내느냐가
중요한 때가 아니다.

지금은 오로지 내 안에 것을 청소해내서
부하가 걸리고 갈등을 일으키고 있는
과거 에너지들을 청소하는 시기에 와 있다.

많은 세월을 살아오는 동안
속에 담아두기만 했던 내용물들을
좋은 것이든 나쁜 것이든
내 속에 담긴 것들은 오래 둘수록
나를 오래된 과거의 사람이 되게 히고
삶을 권태롭게 만들기 때문이다.

밖으로 돌아가는 세상은 늘 변화하고 있지만
같은 일상으로 바라봐지는 것은 내 눈일 뿐이다.

내 마음이 낡은 에너지로 가득하면
그 눈으로는 재미가 없는 세상만이 보이게 된다.

내 마음을 비워
새로운 에너지로 채워지면
세상도 새롭게 보인다.

이런 현상은
내가 환경이나 조건을 바꾸었기
때문이 아니라
내 속의 변화를 가져왔기 때문에
오는 것들이다.
진정한 만족을 위하여
밖의 환경만을 바뀌기 바라지 마라.

먼저 나의 내면을 바꾸려 해보라.
내 안을 청소해서 새로운 에너지가 들어오면
저 밖은 달라 보이기 시작한다.
언제나 내 안이 문제임을 알라.

지구 패턴의 사랑 방식은
저 사람이 앞으로 나에게 유익을 주고
사랑을 주겠구나, 할 때만이
나의 전부를 열고 그를 맞이해 사랑을 하지만
저 사람은 내가 아무리 해도 나를 사랑할 사람은
아니구나 하면 마음을 접고 멀리해 버린다.
연인의 사랑이든 평범한 지인들과의 관계든
우리는 그런 방식으로 사랑의 관계를 형성한다.

얼마나 이기적이고
자기중심적인 바탕에서
인간관계를 하고 있는지.

큰 사랑
큰 가슴으로 하는 우주 사랑의 방식은
내 앞으로 와 있는 지금 여기 모든 사람을 평등하게
같은 마음으로 생명의 가치를 소중히 여긴다.

지금 내 앞에서 살아 있어줌이 신기하고 기뻐서
반갑고 좋은, 그대로가 모두 소중한 관계일 뿐이다.
나에게 이익을 주든 피해를 주든

내가 피해를 보면 얼마나 피해를 볼 것이며
이익을 주면 얼마나 받겠는가.
처음부터 내 것이라고는 하나도 없는
본래 여기 있던 것들을
나도 빌려 쓰다 가는 사람일 뿐인데.

우리는 너무도 피해 의식의 약한 마음을
가지고 있어 손해볼까 피해볼까 잘못될까
저 사람이 나에게 얼마나 도움이 될까하는
마음의 밑바닥에는
너무도 허약한 두려움이 도사리고 있어

호탕하게 자신을 열어놓고 살지를 못하는
소인배의 근성을 가졌다.

이것이 지구적인 인간관계의 사랑 패턴이다.
우리는 의식을 우주의식으로 넓혀가야 한다.

스마트폰의 진화나
인터넷 정보와 과학 발달의 속도보다 더 빨리
인간의 의식 수준이 높아져야
그것들을 다룰 수 있는 능력이 된다.

우주적 사랑의식으로 다룰 수 없는 기술은
우리 자신을 해치는 흉기가 되기 때문이다.

초가삼간에 살던 어떤 부모가
어린 아이들한테 성냥 한통을 주면서
집에 불내지 말고 잘 놀고 있어라, 하고
집을 맡겨두고 일을 하러 나간 경우처럼.

하나님은 인류에게 핵이나 원전을
그들 손에 맡겨두고
지구를 태워버리진 말고 몸을 입고 가서
잘 놀다 오너라, 하셨다면

우리의 의식 수준이
미성숙아 아이들에 머물러
의식의 필드를 높이거나 확장 시키지
못한 상태라면
이 지구환경의 미래는 어떻게 되겠는가.

내 의식의 수준은 높일 생각은 없으면서
누군가는 연구에 연구를 거듭해서
지구가 멸망하지 않는 길을 찾아내고야 말거라는
말을 하거나 하나님 핑계만을 대고 있겠는가.

연구하는 사람들이 알아서 하든 하나님이
알아서 하실 일이지 내가 무슨 힘이 있다고
그 믿음이 확고하다면 그리 되겠지만.
주인공인 내가 빠지고 난 지구의 살림살이를
누구한테 떠넘기고 나는 무책임하게 적당히
더부살이만 하다 갈 셈인가.

우리는 주인 의식을 가질 만큼
성숙하고 자라나야 한다.
언제까지 어린 아이로 머물러
누군가의 도움만을 바라며 책임은 떠넘기고
투정을 부리며 살아갈 것인가.
자라지 못하는 생명은 불구요, 병신이다.

어떤 부모가 자식을 낳아
성장하지 못하는 상태를 보고
기뻐하겠는가.
생명의 본분은 강하게 자라가는 것이다.

이 세상에 사람을 내 놓은 천지 부모는
인류가, 내가
때에 맞는 성장을 하기 바라신다.

성장하지 못하는 사람은
같은 자리에서 늘 같은 고통을 받으면서
같은 실패와 같은 좌절을 맛볼 수밖에 없고
만족이 없는 삶을 살게 될 뿐이다.

스스로 살고 있는 집에 대한
주인 의식을 갖고
청소하고 가꾸고 관리하면서
그 환경을 즐기며 살기를 바라신다.

의식이 어리고 게으른 사람은
다른 사람이 청소하고 알아서
다 하는 사람들이 있을 거야, 하는 타성으로
적당히 살아가는 의식을 가진 사람들이다.
겨우 다른 나무에 붙어서 기생하는

이런 사람들을 겨우살이라 한다.
언제까지 이렇게만 살다갈 것인가.
이런 마음을 쓰는 작은 의식은
의존적이고 자유롭지 못한 어린 아이와 같아서
누리고 창조할 수 있는 영역에
참여를 할 수가 없다.
그만큼 인생이 작고 함께 행복 할 수 있는
범위나 활동의 폭도 좁을 수밖에 없다.

우리는 때에 맞는 성장을 해야 한다.

그렇지 않으면
너무도 고통스럽고 삶은 평안이 없다.

성장하고 진화해 가면서
자신의 커짐을 보는 기쁨과
즐거움을 맘껏 누리면서
자신의 영토를 확장시켜 가는
생명의 환희를 즐기는 것은
우리의 몫이며 삶의 크나큰 축복이다.

지구 패턴의 자기중심적이고
이기적인 관계 방식을 벗어나 이제는
우주 사랑의 방식으로 가슴을 넓히고

나를 스스로 확장시켜 가야할 때에
우리는 살고 있다.

계절에 맞는 때에 따른 변화를
나도 함께 흘러갈 수 있어야
건강하고 아름다운 생명의 길이다.

프렉탈아트(부활)　2004년 作

파라다이스의 에너지란

나는 다른 사람들을 빛나게 해주는 재능이 있는 것 같다.
우울하고 초라한 무명의 사람을 활력 있고 싱싱하고
건강하게 만들어 이름 있는 사람으로 많은 사람들 앞에
빛이 나게 해주는 것을 센스 있게 잘 하는 성향이다.
내가 저 사람을 사랑하기 때문에 그의 얼굴이 빛나도록
색을 맞춰 옷을 입혀주고
속에 잠들어 숨어 있는 재능을 꺼내서 발휘할 수 있도록 해주고
자존감을 높여서 생활에 생명력 넘쳐 신바람 나게 해주는 역할이다.
사랑하는 파트너를 이렇게 빛이 나게 해주는 것은 당연하고도
아름다운 사랑의 행위이다.
그런데 이런 경험을 통해서 우리의 내면을 가만히 들여다보면
우린 얼마나 싱그럽고 건강하고 아름다운 생명에너지를
두려워하고 있다는 사실을 발견하게 된다.
우울증과 대인기피증으로
사람들을 멀리하고 혼자만 있고 싶어 하던
맥 빠진 사람을 예쁘고 빛나고 싱싱하고 활기 넘치는 사람으로
만들기 위해 나의 온 생명 에너지를 바쳐 공을 들여 놓으면
상대는 시간이 흐를수록 아름다운 자태로

멋진 면모를 갖기 시작한다.

섹시함. 누가 봐도 매력 있는 모습.

부러워할 만한 모습으로 변화해 간다.

이렇게 싱싱해져가는 그의 변화를 지켜보는 것만으로도 즐겁고

행복하고 배가 부른 마음은 진정 사랑이다.

그런데 문제는 이렇게 빛이 나게 되면 내가 보는 즐거움처럼

다른 사람들 눈에도 그의 모습이 아름답게 보이기 때문에

다른 이성들이 달라붙기 시작한다.

아름다운 것을 느끼는 것은 모두가 같기 때문이다.

내가 공들여 멋지게 만들어 놓은 내 사람이 그 생명력 넘치는

매력으로 나 만을 향해 발산해 주면 좋으련만

그 생명력을 얻은 그는 밖으로 돌면서 다른 새로움을 찾아

다른 꽃들 속에서 놀고 즐기게 되기 때문에 아픔은 시작 된다.

이 아픔은 무엇일까.

저 사람의 멋지고 아름다운 모습을 나 혼자서만 독차지 하고 싶은

집착이나 욕심이 있기에 그리고 내가 들인 공이 다른 사람들에게로

가서 뺏기게 된다는 상실감 같은 마음들이 배신감으로 결국

나는 허수아비 쭉정이 같은 껍데기만 남는 것 같은 감정들이 찾아온다.

사랑하는 이 사람이 병들고 아파서 병상에 누워있는 것보다는

생명력 넘치는 싱싱한 매력을 발산하며 뭇 이성들의 관심을 한몸에

받는 사람으로 활력 있게 사는 모습이 차라리 감사한 일이 아닌가.

그런데도 사람의 욕심이란 저 사람이 병들어 눕지도 말고

생명력이 지나치게 넘쳐서 섹시한 매력을 발산하는 모습도 말고

적당히 내 곁에서 나에게만 집중하여 살아만 준다면 뭐 그런 바램이 아닐까.

내 사랑하는 사람이 섹시한 생명력으로 아름다움을
발산하고 사는 걸 대부분의 사람들이 두려워하는
그 생명 에너지란
모든 인간의 로망인 천국(극락, 파라다이스)을 구성하고 있는
그 에너지를 말한다.
천국을 구성하고 있는 그 에너지가 지금 여기 현실에 구현되어
파라다이스를 누리며 살 수 있다는 것은 바로
나도 너도 우리 모두가 이 섹시한 생명력 넘치는
매력을 발산하며 살게 되는 환경을 말한다.
우리는 파라다이스를 그토록 꿈꾸고 행복이란 걸 갈망하며
살아가지만 막상 그 생명에너지가 나에게로 온다면
나는 바로 탈선의 여지를 담고 있으며
내 사랑하는 파트너 또한 나를 벗어날 수 있는 여지는
더욱 커질 수밖에 없다.
그래서 우리는 파라다이스의 행복을 그토록 갈망을 하면서도
그 에너지가 우리 삶 깊숙한 현장으로 밀고 들어온다면
두렵고 겁부터 난다.

천국이 이 땅에 이루어진다는 것의 의미는
이 활기 넘치는 신바람 나는 생명에너지 속에서 산다는 것인데
우리는 아직 받아들일 준비가 되어있지를 못하다.
그러면서도 행복은 얼마나 갈구하고 있는지.

여기서 말하는 생명에너지란
사람이 살아가면서 활기 넘치고 매력 있고 섹시함을
발산하는 성 에너지이기도 하며
신바람난다 할 때 우리를 신나게 하는 에너지이기도 하며
이 생명에너지는 섹스 오르가즘의 극치의 순간에
맛볼 수 있는 기쁨, 환희의 에너지이기도 하다.
이 에너지를 한 번 경험하고 나면 생활이 달라진다.
유효 기간이 얼마나 될 지는 개인마다 다르다.
이 에너지는 인간이 살아있다는 것을 가장 실감나게 해주는
에너지이기 때문에 하루 밤 잠자리의 만족은 두 사람 다
생활의 활력을 불어넣게 되므로
평소 짜증과 욕구 불만 스트레스 같은 것들이 쌓여
삶에 부하가 걸려 있을 때에도
쉽게 이런 것들을 날려 버릴 만큼
강력한 생명에너지이다.
사소한 생활에서 나타나는 일상의 일들 하나도
처리할 기운이 없어 맥이 빠져있는 가정주부가
온통 늘어놓은 아이들의 장난감들을 치우고
남편이나 가족들이 어질러 놓은 것들을 치우는 것에 지쳐서
짜증이 나고 발로 걷어차고 우울하게 지친 상태에서도
한 번의 만족스런 잠자리를 갖고 나면 콧노래를 부르면서
청소하는 것이 즐거워지고
그 많은 일상에 쌓여있는 일들조차 부담으로 느껴지지 않게
만들어 주는 이 생명에너지는 바로 성 에너지이며

천국을 구성하고 있는 에너지이며
우리 삶에 생명력을 공급해주는 파라다이스의 에너지이다.
이 에너지가 섹스라는 통로를 통해
들어오는 것을 경험할 수도 있다.

이 생명에너지를 충분히 가진 사람과는 함께 있기만 해도
공급이 될 수 있으며
이 에너지를 바탕으로 사랑을 하게 되면
짧은 기간 동안에 우리는
내 외적인 변화를 모두 경험할 수 있게 된다.
체험을 해본 사람만이 알 수 있는 이 앎이라는 것은
한국말로는 이해되기 쉽지 않은 개념이다.
우리말의 안다는 것은 사람이든 사건이든
TV에서 잠깐 본 것도 아는 것이고.
들은 풍월의 지식도 아는 것이고.
그 연예인 나도 알아 라고 말은 하지만
사실은 만나본 적도 없고 아는 바도 없으면서
신문이나 인터넷에서 본 그런 정도만으로도
우리는 안다는 말을 쓴다. 그러나 영어의 어원인 헬라어나
지금은 지구상에서 사용되지도 않는 언어인 히브리어는
얼마나 차원 높고 영적인지.
이 히브리어에서의 "알다"라는 말의 의미는
잠자리를 같이 해서 한 몸이 돼 봤느냐, 온 몸으로
나와 하나가 된 사실로 아는 것만이 안다는 말을 할 수가 있다.

이 생명에너지를 내 생활 속에서 얼마나 체험을 해서
경험으로 온 몸으로 알아진 이 에너지의 느낌.
그것은 신바람 나는 기쁨, 환희와 생기를 주는 에너지이다.
이 에너지를 나는 알고 있으며 다룰 수 있으며
상대에게 줄 수 있다.
그래서 사람들은 나를 좋아하고 같이 있고 싶어 하고
"매력 덩어리니" 너무도 고귀해서
너무 가까이 하기에도, 너무 멀리 하기에도 조심스러워 하는
사람들의 표현을 듣곤 한다.
이 에너지를 체험해서 맛을 보아 아는 사람들은
이 에너지를 벗어나서는 그 어디에서도 만족을 찾을 수 없고
사는 게 낙이 없으며 생의 활기가 없어 고통스러워한다.
이 에너지를 경험한 사람들은
완전한 내 것으로 그 속에 풍덩 빠져 버릴 수 있기까지
그 에너지에 대한 열망을 추구할 수밖에 없게 된다.

우리는 본래 그 속에서 존재하다가
잠시 이 땅으로 체험 여행을 와 있는 상태다.
개념으로만 알던 그 앎을 육체라는 걸 가지고
온 몸으로 체험해 보고 싶어서
지금 우리 모두는 지구라는 물질 환경에 들어와서 여행 중이다.
그래서 육체를 가졌다는 것은 기회이다.
이 육체를 가지고 수많은 것들을 체험으로 맛보고
그것으로 어떠한 나를 새롭게 창조하고 싶어서

내 영혼이 이 몸과 이 지구라는 환경과
이 길을 선택해서 지금 우리는 이곳을 여행 중이다.
이런 사실을 잊어버린 대부분의 사람들은
이 세상 홀로그램 환상 속에서 연기해 내느라
생을 낭비하고 있으며
그 환상에 빠져 허우적거리고 있기 때문에
삶은 고통스럽고 우울하고 허한 경험을 하게 된다.
길 잃은 자의 방황처럼.
길에서 벗어나 있으면 벗어난 만큼
삶은 어둡고 오리무중이라 내면의 에너지 흔들림을
혹독하게 경험하게 된다.

섹시하다는 말은
그 사람이 내면에 소유하고 있는 생명력이 주는 매력을
밖으로 넘치게 발산하고 있는 정도를 표현하는 말이다.
인간은 남녀노소 누구나 섹시한 매력에 이끌리고 좋아한다.
이 생명에너지를 통해서 만이
인간이 이 물질 세상으로 들어오는 통로인데
이왕이면 이 세상으로 들어오는 문이
사랑이라는 성숙한 바탕에서 열릴 수만 있다면
인간이 얼마나 더 아름다워질 수 있을까.

인간 아름다움의 극치를 본 사람이 있는가.
인간이 멋지고 매력 있고 아름다울 수 있다면

진정 어디까지일까.

우리는 대부분이 아름다운 사람을 본 적이 없어 알아보기 어렵다.

아름다운 몸놀림의 자태의 극치를 무대에서 보여준 사람도

무대에서 내려온 다음 내면의 에너지를 느껴보면

사람의 아름다움이란 몸놀림의 외적인 모습과

내면의 에너지가 발산하는 아름다움이란 별개의 것일 수도 있다.

우리는 나면서부터 "나는 나쁘다"하는 것에 길들여진다.

우월감과 자신감은 가져서는 안 되는 금기처럼 여겨지는

이 지구라는 에너지 시궁창에서

자존감을 멋지게 세워갈 수가 없었다.

자신감이 넘치는 개성을 표현하려 하면

교만이나 겸손이라는 잣대로 내리쳐서 주눅이 들게 하고

우리는 내 스스로를 멋지고 참 괜찮은 사람이라는

스스로의 긍정적인 자존감보다는

부정적으로 자신을 낮추고 비하시키는데 빠르고

부정적인 에너지 쪽에 너무도 가깝고 익숙해져 있다.

맑고 꾸밈없는 깨끗함으로 열린 통로는 자신감을 더해주고

생명에너지를 유지하고 키우는 관건이다.

생명에너지가 고갈되어 허약체질이 된 사람들의 특징은

마음이 어둡고 방황하는 기운에 눌려

부정적인 에너지 가운데 갇혀있다.

생명에너지가 넘치도록 유지되고 자생력을 갖게 하려면

무조건 긍정적인 마음의 환경을 지속시켜 주어야 한다.

맑고 깨끗한 열린 통로가 될 수 있어야 한다.
맑고 깨끗한 마음을 지속적으로 유지할 수 있는 환경에서는
생명에너지가 왕성하게 활동할 수 있으며 자라나게 할 수 있는
확장의 토대가 된다.
생명에너지로 넘치는 사람은 진정 강한 사람이며
멋지고 매력 있는 아름다운 사람이다.
이 사람은 긍정의 에너지로 충만한 사람이며
명료함의 날카로움과 함께 따뜻한 가슴을
동시에 가지고 있는 하늘과 대지와 같은 성정을
동시에 가졌다.
생명에너지는 천기와 지기가 자신의 몸에서
조화롭게 균형을 이루고 있기 때문이다.

일부일처 결혼 곧 없어진다.

「미래 학자들은 예언했다.
2020년부터 시작해 2040년경에는 일부일처
결혼제도가 사라질 것이다, 라고 예언했다.」
간통죄도 없어지고 이혼전문 변호사 직업도
자동으로 없어질 것이다.
이미 결혼을 안 하는 비율이 40%대에
진입한 나라들도 생겨나고 있다.

모든 인간은 날 때부터 다부다처의 욕구를
가지고 태어나서 일부일처라는 제도 안에서
너무도 큰 고통을 받고 있다.
일부일처의 결혼 제도가 사라지면
성인 남녀는 대체로 3명의 파트너를 두게 될 것이다,

섹스파트너와 생활을 같이 하는 생활파트너와
아기를 낳아주는 생산 파트너를 갖게 될 것이다.

영민한 사람들은 이미 일부일처의 구속에서

받는 고통이 얼마나 큰 굴레요 감옥인지를
알아챘기 때문에 결혼을 원하지 않는다.
이러한 변화의 흐름 앞에서 세상은 요지경 또는
무질서 등을 걱정 하지만
이것은 인류가 파라다이스로 가는 진입로요 시작이다.
천국이 가까이 오고 있는 것이다.
그러나 이러한 변화와 더불어 인간 내면의 성숙이
선제 요건이 돼야 한다,
그러한 상황을 받아들이고 다룰 수 없는
미성숙한 사람들은 사랑의 배신이니 상실의 아픔과
상처들을 감당하지 못한 트라우마로 자살을 해버리거나
우울증 공항장애 같은 또는 시대 흐름에 맞춰
준비되지 못한 허약자들은 도태되지 않을까.
자유롭고 강한 영혼들만이 즐기면서 전보다 더
생명력 넘치고 활력 있게 살아나갈 것이다.
생계를 위한 일은 하루 한 두 시간만 일을 해도
먹고 사는 데는 지장이 없게 되며 생계를 위한 일 외에
남은 시간들이 많아지고 수명이 연장되어 노후가
길어지면서 자신만의 재능과 취미 선호하는 것들을
좇아 대부분의 삶을 즐기게 될 것이다.
생명에너지가 결핍된 사람들은 허무해서 못 견디고
부적응증 같은 현상들로 도태되어 사라지게 될 것이다.
사람이 일을 하다가 갑자기 실직을 하게 되면
자동차가 시속 50K로 달려와 눈앞에 급정거할 때의

충격과 같은 불안감에 빠진다고 하는데
일로부터 자유로워지면 이런 불안감을 견뎌내기에도
적응을 할 수 있어야 한다.
수명은 갈수록 연장되어 노후는 길어지고 일로부터
자유롭게 될수록 자신만의 재능과 취미, 선호하는
것들을 하면서 삶을 맘껏 즐기게 될 것이다.

자신이 좋아하고 재능을 따라 선호도 높은 일에
삶에 대부분의 시간을 보내게 되면
경쟁구조의 사회보다 월등히 효율성도 높아지고
지구의 발전 진화속도는 빨라지게 될 것이다.

변화는 불가피하다.
이미 시작되었고 물밀듯이 밀어닥쳐 올 것이다.
지난 40여 년 동안 발전해온 통신, 인터넷, TV,
스마트폰 3G 4G의 진화만큼 그 이상 빠른 속도로
변화해 갈 것이다.
이러한 외적 변화나 발전 진화 속도보다
더 빨리 변화를 가져와야할 선제 요건은
우리 인간 내면의 성숙인 영성의 진화부터
가져와야 한다.

다부다처의 사회가 열리는 것에 대한 우려와
걱정과 비난을 하는 사람들에게 묻는다.

요즘 백세 시대라 하는데
당신이라는 한 남자가 세상에 태어나 성인이 되는
시기 20세부터 백세까지는 80년이다.
지식도 삶의 경험이나 통찰력이 부족한 어린 시기에
선택한 한 여자와 오로지 80년을 살아갈 수가 있는가.
꽃 한 송이에 갇혀서 한 색깔만을 보면서
날아보지도 못한 날개 꺾인 모습에
자유를 모르는 발목 잘린 상태로 80년을
오로지 한 사람만 쳐다보며 산다는 건
지옥이라고 말할 것이다.
천에 하나 만에 하나 천생연분을 만났다 할지라도
생명 있는 건강한 사람이라면 쉽지 않은
기나긴 삶의 여정을 동행할 수 있겠는가.

그건 여자도 마찬가지다.
철없던 어린 시기에 선택한 한 남자와 80평생을
오직 한 남자만 바라보고 산다는 건
도를 닦는 것보다 힘든 고행의 길이 아닐 수 없으리라.
사람들은 이미 알고 있다.
한편 두렵기도 하지만
많은 사람들은 이미 바라고 있다.
다부 다처의 파트너를 두고 자유롭게 살 수 있기를.

4부

집이라는 공간.
일터라는 장소나 사회생활을 하는 곳 어디나
지옥이 되고 천국이 되는 것은
사람이 내 놓는 에너지 파장 때문이다.
사람이 어떤 에너지 파장을 발산하느냐에
따라서 우리들의 삶의 공간의 질이 바뀐다.
나는 무슨 색깔의 사람일까?

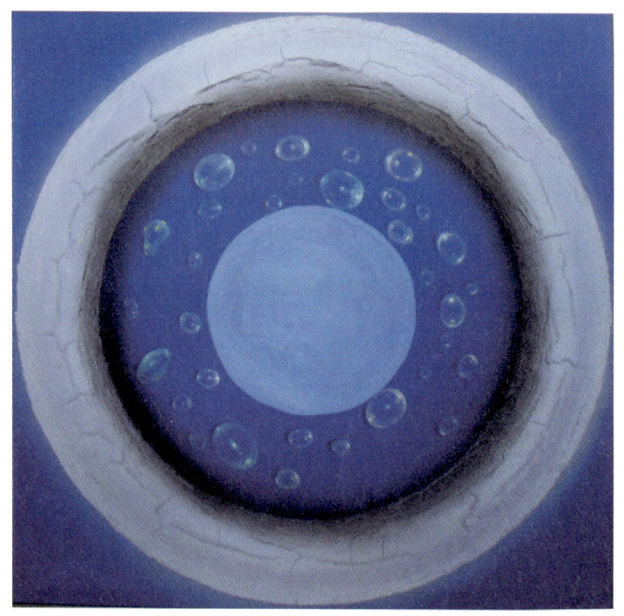

남색 원상화 2013년 作

**남색을 타고난 사람은
점쟁이 저리가라 할 만한
신기가 있다고나 할까!**

남색이 갖고 있는 에너지는 신령한 제 3의 눈으로
육안으로는 볼 수 없는 직관과 통찰력과
이해의 에너지이므로 남색을 타고난 사람들은
다른 사람들보다 이 쪽 부분에서 능력이 남다르게 나타난다.

각 사람의 컬러 진단을 해보면 각각의 색깔마다
그 색깔대로 사는 걸 보면 신기하다.
사람이 타고난 컬러라는 건 모두 제각각이라
기질도 다르고 성향도 다르고 추구하는 바가
모두 다르게 나타나는 건 당연한 일인데,
우리는 나와 다른 반응을 보이면 틀렸다고
판단을 해버리기 때문에 갈등과 분리가
일어나게 된다.
우리는 모두가 색깔이 다른 사람들이기 때문에
내가 초록색의 가슴을 가졌다고 해서 노란색을 타고난
저 사람을 향해 계산적인 인간이라는 정죄를 해버린다면
이 세상은 결코 조화롭지 못한 싸움판이 돼버리고 만다.
우리는 각자가 다른 컬러의 성향들을 신기해하면서
그것을 즐길 수 있어야 이 세상은 아름답고 조화롭게 된다.
 남색을 타고난 사람들의 성향은
다른 사람들보다 직관력이 뛰어나고
속이 들여다보이기 때문에
사람 속도 보이고 일에 관련된 이면의 세계도
잘 보이는 눈을 가졌다.
그래서 장사하는 매장에 남색의 사람을 점원으로
세워 놓으면 손님이 문을 열고 들어올 때부터
저 사람이 물건을 사갈 사람인지 안 살 사람인지
미리 알아버리는 능력을 가졌다.

드라마를 보면서도 다음 스토리가 어떻게 될 거라는 걸
알면서 보고 있으니 재미가 없는 것이다.
남색은 무슨 일이든 이해를 하고 넘어가려 하는
성향을 가졌고 남다르게 영적인 면도 있어서
목사님과 같은 성직자의 길로 가는 사람들이 많다.

우리 몸에서 남색의 에너지가 들어오고 나가는
에너지센터라고 하는 문이 있는데,
눈과 눈 사이 미간에 부처님의 눈자리라고 하는 곳이다.
절에 가서보면 불상의 미간에 있는 점이 있는
이 자리는 신령한 하늘의 기운이 들어오고 나가는 문이다.
여기가 건강하게 활성화된 사람은 주변 사람들을
잘 이끌어 나아가는 지도자로서 멋진 삶을 살 수가 있다.

바다 속처럼 내면에 지식의 큰 저장고와 같은
세계를 간직하고 있어서 그냥 겉으로 보기하고는
다르게 수많은 지식을 가지고 있기도 하다.
인성보다는 신성의 성향이 강한 에너지를 가진
사람이라고 할까. 영적인 비중을
다른 사람들보다 많이 가진 사람이다.

수승 화강의 원리를 적용한 패션으로 건강 챙기는 법.

상의는 찬색을 입고
하의는 따뜻한 색을 입어줘야 건강에 좋다.
특히 여성들은 아래를 따뜻한 컬러로
입어주면 자궁 건강에 좋다.
가슴에 화가 차거나 열이 얼굴과 머리 쪽으로
올라오는 사람의 패션 컬러는
상의는 찬색을 하의는 따뜻한 색을 입어줘야
건강에 도움이 된다.

"수승화강"이란
차 기운인 수기는 위로 올라가고
따뜻한 기운인 화 기운은 아래로 내려가야
몸에 균형이 생겨 건강하게 된다.
화기가 위로 올라가 가슴에 뭉치면 화병이 되고
머리로 올라가면 탈모가 생기고 머리카락이 하얗게 센다.
화기가 위로 올라가게 되면 찬 기운인 수기는
아래로 내려와 배가 차가워지면서 소화가 안 되고
혈액 순환도 좋지 못하며 손발도 차고 저리게 된다.

삼족오시리즈　2006년 作

위장이 차갑게 되면 소화 흡수에 이상이 생겨
얼굴 피부도 푸석푸석 나빠지고 온 몸에 영양 균형을
깨트리게 된다.
이런 상황에서 머리에 빨간 모자를 쓴다거나
상의 옷을 붉은 색으로 입는다면 뜨거운 화기를
더욱 위로 올려주게 되어 건강에 악영향을 끼치게 된다.
"수승화강"에 해당하는 건강에 좋은 상하의 패션 컬러는
위쪽으로는 찬색계열을 입고 아래쪽으로는 따뜻한
계열의 옷을 입어 주는 센스를 발휘해 평소
내 몸을 사랑해주는 습관을 들여보자.

얼굴이나 머리 가슴 부위로 열이 오르는 사람이
평소 상의 옷을 붉은색 계열로 입는 습관이 있다면
화 기운을 더욱 위로 올려주는 역할을 하고 있는 것이니
이럴 때는 과감히 상하의 옷 색깔을 바꿔줄 필요가 있다.
특히 살에 닿는 속옷은
우리 인체에 호르몬이나 세포들이 활동하는
컨디션에 바로 영향을 주고 감정과 정서적인 면에까지
영향을 주게 되는 것이니 속옷으로 검정색이나 회색 또는
어둡고 탁한 무채색의 색들은 피하는 것이 좋다.
우리가 기분이 좋고 어쩐지 몸이 가벼운 느낌에
좋은 컨디션을 느낀다는 것은
내 몸에 세포들이 그만큼 활성화 되어 왕성하게
활동을 하는 행복한 상태일 때이다.

세포를 즐겁게 해주는 컬러는 빨간색 계열의 색이나
하얀색 자연 소재의 면. 실크 등 자연 염색이 좋다,

지금은 웰빙시대.
돈 있고 학벌 좋고 명예와 사랑하는 사람들까지
다 가지고도 내 몸이 건강하지 못하면
삶의 질은 떨어지고
행복지수는 바닥이 된다.
건강은 나의 모든 것이며 최우선이 돼야 한다.
내 몸을 아끼고 사랑하는 건
컬러로 얼마든지 할 수 있다.
입는 것도 컬러로, 먹는 것도 컬러로, 마시는 것도 컬러로.
거주하는 집이나 사무실 같은 환경도
컬러로 평소 조금만 관심을 갖고
관리를 시작하면 의사가 못 고치고 약으로 못 고치는
문제들을 대체의학인 컬러요법으로 내 스스로 건강을
챙겨갈 수 있다.

하나님도 정보다.

> "
> 어떤 정보는
> 내 삶에 유익을 주지만
> 대부분의 정보들은 우리를 자유롭지 못하게
> 구속하며 삶을 지배하게 된다.
> "

우리가
생각 없이 틀어놓는 TV뉴스에서
또는 신문이나 이웃들이 들려주는 이야기와
늘 들고 다니는 전화를 통한 정보들..
무차별적으로 흘러들어 오는 무수한 사건과
사고들에 대한 정보들을
우리는 어떻게 받아들이고
내안에서 처리하고 있을까.

어떤 정보는
내 삶에 유익을 주지만
대부분의 정보들은 우리를 자유롭지 못하게
구속하며 삶을 지배하게 된다.

전화기를 두고서
먼 나라로 여행을 떠나
뉴스나 신문을 접할 수 없는 곳에서
얼마동안 있을 수 있다면...
산속 깊은 곳에서 외부와의 접촉 없이
혼자서 쉴 수 있다면.

우리는 얼마나
밖에서 밀고 들어오는 양식들을
분별없이 먹고 또 먹고 배가 터지도록
비만이 된 상태로 또 먹고.
이것이
현대인의 생활 아닌가?
그런 양식을 갑자기 끊어 버리면
금단현상으로 불안해서 견딜 수 없고
세상 돌아가는 것을 모르면 뒤쳐지고
경쟁에서 밀려난 사람이 될까 불안해지는
외부 양식에 길들여진 존재들!

하나님이라는 정보도
언제부턴가 나도 모르게 외부로부터
받아들인 정보 아닌가.
그 정보가 어떤 이에게는 무섭고 두려운 존재로
마음에 새겨져서 늘 의식하는 병을 앓고 살고.

어떤 이는 무서운 주인으로 인식해
스스로 종의 자리에서 그를 주인으로 섬기느라
삶이 너무나 고단하게 돼버렸고.
어떤 이는 그가 복을 주는 대상으로 의식해
잘 보이려 온갖 착한 노력 다하느라 분주하고.

누가 언제부터
내게 주입해온 정보들인가.

언제나 들은 풍월로 살아온
우리 삶의 껍데기는
모두가 외부로부터 무차별적으로
밀고 들어온 정보들의 종으로 살아가느라
삶이 얼마나 무겁고 고단한지
한순간도 신이라는 그 크신 하나님이라는 존재를
의식 안하는 순간이 없이 얽매인 신을 섬기는 사람에게
그분은 얼마나 무거운 삶의 짐인지.

아비들이 짊어진 가장으로서의 짐보다
어찌 더 가벼울 수 있으랴.

어느 날 살고 있는 자신의 모습을 쳐다보니
소스라치게 놀랄 만큼 그 정보들에
꼼짝없이 갇혀 있는 자신의 모습이 보이는 사람.

그 사람은 깨달은 사람이요
하나님과의 관계성도 들은풍월의 지식이 아닌
진정한 관계성을 제 스스로 정립할 줄 아는 사람 아닌가.

종교 아래 갇혀 있는 사람은
어서 깨어나
조상들이 물려준 DNA유전자 정보나
내 의지와 상관없이 밀고 들어와
나를 지배하고 있는 무수한 정보들을
스스로 관리하고 처리할 줄 아는
자기 자신으로서 살 수 있어야한다.

모든 정보로부터 자유로운 그 자리에서
자기 자신과 독대할 줄 알고
자기 자신과 잘 놀 줄 아는 사람.
그리고 자기 깊은 내면에서 흘러나오는
세미한 가슴의 소리를 들을 줄 알아야
외부로부터 무작위로 들어오는 정보들에
지배 되거나 휘둘리지 않고
당당한 자신의 몫을 사는 사람이 된다.

물질문명의 발전은
끝없이 겉으로만 폼 잡고 지식으로만
살게 만드는 껍데기로 결국

삶의 마지막은 허무와
공수래공수거밖에 남는 것이 없게 만든다.
그래서 현대인은 깨어나야 한다.

물질문명에 취한 술에서 깨어나
영혼이 주인 되어 사는 사람.
정신이 맑고 자기 자신으로서 든든히 선
신성을 회복한 사람들이 사는 파라다이스는
외부로부터 들어오는 정보들을
스스로 잘 처리할 수 있는 성숙한 사람들이
열어가야 한다.

이런 사람들은
하나님을 섬기는 자들이 아니라
하나님을 아는 사람들이다.

어린 아이가 엄마를 알아보는 것은
지식이라는 걸 배워서가 아니라 본능이다.

우울한 눈물의
회색빛

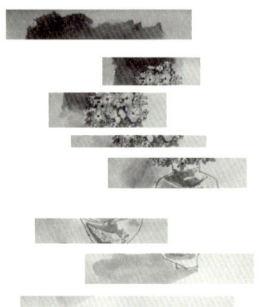

전 세계 우울증 환자들에게
세상이 무슨 색으로 보이냐고 했을 때
회색으로 보인다는 공통된 조사 결과가 있다고 한다.

우울증 환자에게 주황색의 원색 옷을 입으라고 하면
공짜로 준대도 거절을 할 것이다.
주황색은 밝은 사회적인 에너지를 방사하고 있어
우울증 환자는 그 에너지를 감당할 수가 없어서
자연적으로 거부할 수밖에 없기 때문이다.
반대로 회색은 자아 억제색이기 때문에 다른 사람들의 눈에
튀기 싫은 심리에서 나오는 우울한 사람이 즐겨 입는
옷의 선호색이 된다.
남 몰래 흐르는 눈물의 색깔인 회색을 단체복으로 입힌다면
아무도 튀지 말아. 라는 메시지를 담고 있는 것이다.
회색 잿빛의 도시는 암울하고 생명력이 없음을 의미한다.

프렉탈아트(빛) 2005년 作

사람들은 누구나 자신을 충분히 실현해보고도 남을 만큼의
충분한 생명에너지를 가지고 태어나지만
성장하는 환경이나 살아오는 과정을 통해 다양한 형태로
에너지를 모두 소진해 버려서 생명 에너지 고갈 상태가 곧
우울증이라는 것으로 나타난다.
우리는 에너지를 만들어 간직할 줄 아는
삶의 기술이 필요하다.
이러한 생의 생명력에너지를 지키고 관리할 줄 아는 사람은
나이와 상관없이 싱싱하게 성취감을 맛보면서 삶을
즐기며 살아갈 수가 있다.

검정색은 모든 색을 흡수해서 검정으로 보이게 하기 때문에
모든 시선을 흡수하는 색이기도 하다.
빛을 모두 끌어들이기는 하면서 투과는 못시키는 검정색은
우리 몸의 피부에 닿도록 입는 것은 건강에 그리 좋지는 않은
색이라고 볼 수 있다.
검정과 흰 색이 섞인 회색은 유일하게 보색이 없는 색이고
튀지 않는 배경색이다. 우울증 환자는 어두운 곳에
혼자서 웅크리는 에너지가 지배적이므로 회색이나 검정과 같은
색이나 칙칙하고 어두운 색을 선호하게 된다.

지금 내가 있는 자리에 대한 자각이 일어나
우울한 생명 에너지 고갈 상태에 머물러 있는 자신을
발견했다면 툭툭 털고 일어나 과감하게

주황 빨강 노랑의 화사한 옷부터 바꿔 입고
음식도 원색적이고 컬러풀한 것들을 즐기면서
어떻게 하면 내안에 생명에너지를 더 이상
고갈 시키지 않으면서도
충전하는 방법은 없는지 연구를 해서
자신을 스스로 돌볼 줄 알아야 한다.

"나를 만만하게 보지 마"라고 말하고 싶은 상대를 만나러
나갈 때는 짙은 검정색의 옷을 입고 나가면 좋겠지만
회색과 검정색이 피부에 닿도록 오랜 습관으로 입는 것은
육체 건강이나 정서적 건강에 그리 도움이 되지 않는 색이다.

핑크와 사랑

핑크는 잔인하고 흉악스런 감정을
사랑으로 순화시키는 에너지 파장을 지녔다.
사랑으로 순화시키는 에너지 파장 때문일까.
사랑과 관련한 이벤트와 온갖 선물들은
온통 핑크 빛이다.

감옥에서도 흉악범들이 수감돼 있는 방은
핑크색으로 만들어 부드러운 사랑의 감정이
일도록 해서 효과를 볼 수 있다고 한다.
미국에는 이미 "핑크 프리즌" 이라는 감옥이 있다.

모든 사람이 갖고 있는 사랑의 욕구는
내가 사랑하는 사람으로부터
나도 진실한 사랑을 받고 싶다.
이 사랑은 짝사랑이 아니라 서로 하는 것이다.
내가 받고 싶은 이 사랑이
다른 사람에게로 가는 것은
분노가 일어나게 한다.
내가 진실로 사랑하고 상대를 존중하는 만큼

나도 진실로 사랑받고 싶고
인정받고 싶은 것이다.
내가 주는 대로 상대도 나에게 주는
조화와 균형을 가지고 사랑을 하고 싶은데
나는 나의 전부를 다해 사랑을 주는데도
상대는 이기적이고 자기중심적으로
끝없이 받기만을 원한다면
그래서 때로는 얄밉고 서운해진다.
그럴 땐 저만치 밀어내 놓고 싶다.
서로 하나 되는 그런 사랑이 주는 환희의 기쁨은
이럴 때 새어나가 버린다.

지금 여기서 에덴의 에너지
생명력 넘치는 살아있는 에너지,
내가 살아있음을 가장 강하게 느끼고
누리고 체험해 보고 싶은 열망은
모든 영혼이 찾는
가장 고귀한 사랑의 느낌이다.

이 고귀한 사랑의 느낌을
듬뿍 담고 있는 것이 핑크다.

핑크는 빨강과 하얀색이 섞여져
만들어진 색인만큼
빨강의 성향도 하얀색의 성향도
함께 포함하고 있다.

내가 사랑하고 있을 때
내가 사랑받고 있을 때
서로가 나는 소중하고 귀한 존재라는 느낌을
맘껏 느껴보고 싶은 그 체험을 위하여
모든 영혼은 육신을 입고 여기에 있다.

이러한 사랑의 관계가 가능할 때
두 사람에게 에덴동산은 성립될 수가 있다.

이런 사랑은 모든 사람들이 간절히
이루고 싶은 사랑이다.

이 사랑이 이루어진다면
모든 것이 다 채워진 느낌처럼
넘치는 에너지의 포만감으로 위로를 받고
내가 무엇을 하든지
어디에 있든지 만족과 안정과 행복이 있다.
당당하고 강한 자부심이 있다.
긍정적인 에너지로 가득차서
모든 것이 즐거워진다.
이것이 사랑이 주는 힘이다.

그런데 둘 중 한사람은
다른 이성에게로 관심이 가 있다면
이 두 사람에게 진실한 사랑의 에덴은

떠나가 버린다.
사랑의 관계가 더 이상 성립될 수가 없기 때문이다.

이 사람의 장점도 갖고 싶은 욕심이 생기고
저 사람의 장점도 아까워서 보내버리기 싫은
양다리를 걸치고 동시에 차지하고 싶은
이성에 대한 욕구.
이런 욕구와 욕망으로부터
자유롭지 못한 수준의 병든 에너지에
잡혀있는 사람에게 진실한 사랑은 있을 수 없다.

진실한 사랑이 온다 해도
지키고 누려나갈 실력이나 자격이 없다.
죄 가운데서 언제까지나 방황만 하는 영혼이 된다.
이런 경우는
다른 사람들에게도 버림받고 외면당하지만
자기 자신에게로부터도 외면을 당해
자존감은 떨어지고
죄책감이나 허약한 데서부터 오는
자아 상실의 고통을 받을 수밖에 없다.
그러므로 사랑을 하기 전에
먼저 내적 치유를 받아야 한다.

사람은 온전한 사랑을 이룰 때
가장 만족스럽고 안정적이며
강인한 생명력으로 넘치게 된다.

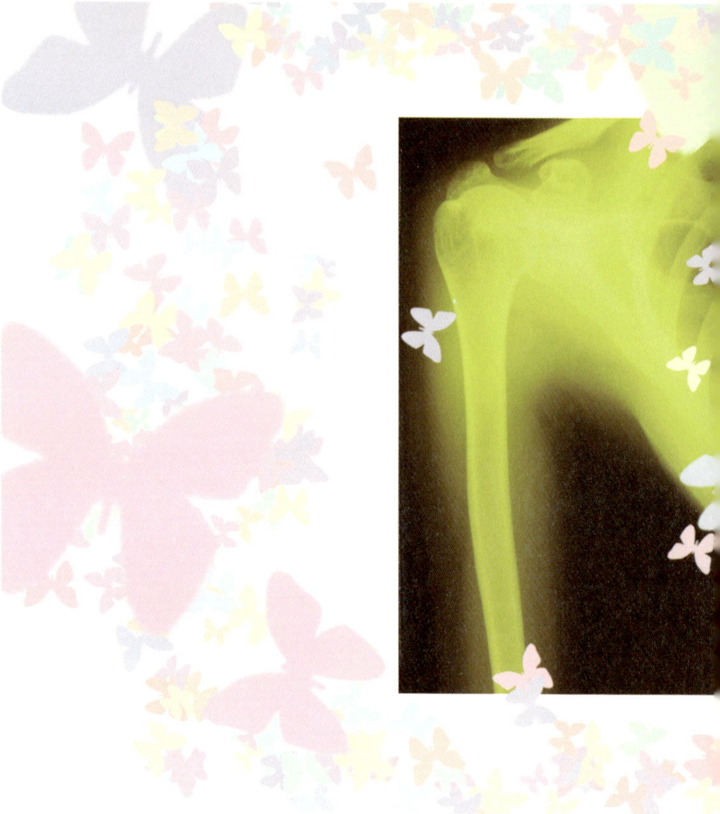

엑스레이필름(부활) 2005년 作

생명에너지 중에 사랑의 에너지만큼
강력한 힘은 없기 때문이다.

내가 사랑하는 사람에게
사랑의 부드러운 감정을 불러 일으켜
새로움을 만들어 가는데 좋은 컬러는
핑크 빛만한 것이 있을까.

물론 열정의 컬러인 빨강을 더하면
더욱 심화된다.

핑크는 레드의 열정과
화이트의 순결을 함께 가진
부드러운 사랑의 상징이다.

핑크색이 주는 메시지처럼
사랑은 빨강의 변함없는 열정과
하얀색의 순결이 함께 할 때 진실하고도
진정한 사랑이 될 수 있는 것이다.

프렉탈아트(통증) 2004년 作

월요일에는 보라색을 입어라. 요일 컬러 이야기

우주가 요일마다 다른 컬러 파장을 통해
우리 몸에 에너지를 공급해 주고 있다.
월요일은 보라색 에너지가 공급되고
화요일은 빨간 에너지가 내려오고
수요일은 노란 에너지 파장이
목요일은 파랑, 금요일은 인디고
토요일은 초록, 일요일은 주황의 에너지를 공기처럼
공짜로 우리에게 보내주신다.
이 컬러에너지 공급을 잘 받아 활용을 하면
건강관리에 큰 도움이 될 것이다.

각각의 요일에 맞춰 옷 색깔을
모두 구비하고 있지 못할 때에는
넥타이, 코사지, 머플러, 모자, 브로치, 팔찌
핸드백 등 다양한 방법으로 포인트를 주어
활용하면 된다.
그러면 컬러 에너지를 끌어 당겨
돋보기와 같은 원리로

내 몸에 에너지가 모이게 된다.

요일마다 하늘이 내려주는 컬러에너지는
거저 받는 창조주의 극진한 사랑이요 배려이다.
무조건적인 하늘의 사랑을 받아 느끼고
깨달아 누리는 축복은
이 몸에 생명을 가졌기 때문에 오는 기회이다.
몸이 있는 이 삶의 기회가 우리에게는 얼마나 신비롭고
아름다운 선물이 되는지는 눈을 떠서 깨달음이 있을 때
알 수 있는 맛이다.

위장이 약한 사람은 노란색을 사랑하라.
노랑을 먹고 입고 마셔라.
시험 준비를 하거나 고민거리가 많아 생각의 에너지를
많이 소모하게 될 때에도 노란색의 옷을 입거나
노란색의 음식을 먹고 노랑에너지를 필요로 한다.

우울증에 걸렸거나 자주 우울한 생각이 드는 사람은
생명의 활기를 더해주는 빨강을 사랑하고 가까이 하라.
현실 감각이 떨어지고 움직이는 것도 귀찮아지고
마음이 무거우면 붉은 색을 사랑하고 가까이 하라.
불면증에 시달리고 잠을 잘 이루지 못하는 사람이나,
심리가 불안정해 안정을 찾지 못할 때는 파랑과 보라색을
사랑하고 가까이 하라.

신장 방광 쪽에 문제가 자주 발생하거나 약한 사람은
주황색을 즐기고 가까이하라. 성기능을 강화 시켜주고
마음을 밝게 하며 방광염 같은 치료에 대체의학으로
좋은 방법이 된다.

가슴이 답답하고, 지치고, 쉬고 싶을 때에는
엄마 품과 같은 초록을 가까이해서 재생의 에너지를
공급 받고 휴식을 취해보라. 에너지가 바로 충전되리라.

우리는 손쓰기도 힘들만큼 악화될 때까지
자신을 방치해두는 게으름을 벗고
평소 좋은 습관을 들여 컬러 에너지를 생활 속에서 즐겨보면
어떨까. 컬러를 가까이 하면 날마다 생기가 넘치고 즐거워진다.
왜냐하면 각각의 컬러마다에는 발산하고 있는 에너지 파장이
있기 때문이다.

원상화란 어떤 그림일까

— 원상화의 정의와 작업 효과에 관한 이야기

원상화시리즈   2013년 作

원상화란
우주 근원의 본질 속에서 나를 발견하기 위한
회귀 본능에서 나와진 그림이다.

우주 속에서의 나의 자리는 어디인가.
나는 누구인가.
불안정하고 어둠 속에 방황하는
이 땅에서의 여행길에서 나의 근원에 대하여
자기 자신을 놓치지 않고 찾고자 하는
욕구에서 출발한 원형그림이다.

원상이란

우주를 상징하고.

어머니의 자궁을 상징하고.

내 안의 소우주를 상징하는

본질 속에서의 나를 발견하기 위한

회귀 본능에서 나와진 그림이다.

원 안에서의 형상들은

나와 우주를 하나로 연결하여

표현한 것을 의미하며

오직 밖으로만 향하던 나의 의식이

내면으로 향하게 하여

내면의 소리에 귀를 기울이게 함으로써

자신의 정체감을 확립하고

자기 내면의 진아와의 접촉을 통해

평안을 찾게 하는 그림이다.

글씨를 아직 쓰지 못하는 어린 아이로부터

노인들에 이르기까지 남녀노소 누구나

그림에 재능이 없어 두려움을 갖고 있는

사람들까지도 편안하게 즐기며

그릴 수 있는 놀이이며

동시에 치유 그림이라 할 수 있다.

그림을 그리면서 형상과 색을 다루는 동안에
각기 컬러가 주는 고유한 파장들을 통해
이미 정서적 안정감과 치유는 일어나고
있음을 알 수가 있다.

그림을 완성하고 나면
휴식이 된 듯
평안과 심리적 안정의 효과를
느껴볼 수 있으며
성취감과 집중력 향상은 물론
자신의 깊은 내면과 만나게 되는
계기를 마련한다.

색을 칠하는 과정을 통해 고요를 느낄 수 있고
의식과 무의식과의 자연스런 만남을 통해
자기 자신을 스스로 발견하게 해주는
작업이라 할 수 있다.

인간의 내적 균형과 질서
내적 기쁨과 조화로움
평온함과 생명의 의미를
되찾아주는 역할은 물론
손이 가는대로 무의식적으로
그린 그림인데도

완성을 하고 보면
지금의 자신을 정확히 표현하고 있었음을
발견하게 해주는 것이 원상화 그림이다.

원상화를 그림으로 해서
얻어질 수 있는 효과들은
집중력 향상, 심리적 정서적 안정과 치유,
창의성 향상, 심미적 능력 향상,
심리적 분열 상태를 통합시켜주고
불안 초조한 심리 상태로부터
안정과 이완을 시켜주고
내적인 힘을 기를 수 있는 등의
효과들을 나타낸다.

원상화는 무엇보다도
자기 자신을 찾아가는 여정이다.

자기 자신을 발견하고 회복시켜
본래의 자신으로 되돌려주고자 하는
정화와 치유를 위한
그림 작업이라 할 수 있다.

원은 (우주를 의미하고)
상은 (형태를 지닌 것을 의미하고)
화는 (그림을 말한다)

원상화의 정의는
우주라는 둥근 원안에서
형태를 지닌 것들을 통해
색으로 표현하는 과정에서
본래의 나를 찾아 나를 회복하고자 하는
욕구에서 나온 그림이라 할 수 있다.

지금 여기에서 원상화가 시작되고
활성화 되어 나아가야 하는 것은
지금까지 이끌어온 과거 에너지 패턴이
지구적인 것이라면
이제부터는 우주적인 의식과 에너지
패턴으로의 진화 확장을 가져와야 하는
시기로서의 시대적 흐름 때문이다.

파란 원상화   2003년 作

5부

이 땅에서 육신의 몸을 입고 사는 동안
가장 중요하고 중심이 되고 인간을 움직여 주는
핵심 동력이 바로 돈과 섹스다.

돈과 섹스의 컬러는 빨간색 중에서

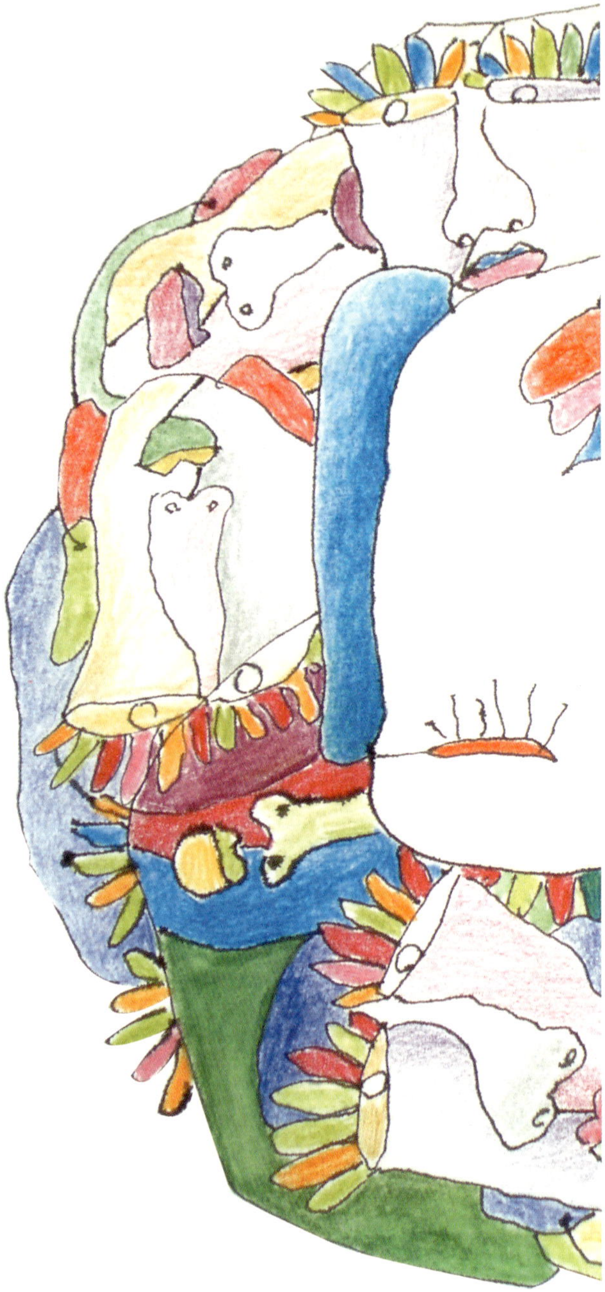

돈과 섹스
에너지균형에 대한 컬러이야기

이 땅에서 육신의 몸을 입고 사는 동안
가장 중요하고 중심이 되고 인간을 움직여 주는
핵심 동력이 바로 돈과 섹스다.

이 중요한 부분을 불교와 기독교 등
여타의 종교들은 2천 년이 넘는 세월 동안
억압하거나 배제시켜온 큰 실수를 범해왔다.
이 땅에서 두 발을 땅에 딛고 몸이 살아가는 데 있어
가장 중요한 가치인데도 불구하고 종교에서는
영적 야망을 성취해 보겠다는 목적으로
수녀가 되거나 수도승 또는 사제라는 제도를 통해
성을 배제시켜 왔다.

돈 문제 또한 청렴한 삶, 거룩한 영적성장이라는
야망 때문에 돈은 악한 이미지를 만들어
가난을 미화해 배제시켜온 것 또한 사실이다.
가난이 진정 미덕인가.

우리 모두는 충분함이라는 풍요를 느끼면서
살아갈 자격을 누구나 똑 같은 권리를 가지고
태어났지만 우리가 잘못 세워온 가치기준으로 인해
불행을 스스로 자초한 창조 속에서 살게 된 것이다.

우리는 본래 빛으로부터 온 존재들이다.
컬러는 빛으로부터 왔고 빛이 없이는 색을 볼 수가 없다.
그 빛의 에너지가 일곱 색깔 무지개 색으로
우리 몸에 들어와 있고 그 기능은 영적, 몸의 호르몬
감성과 감정, 정서적인 면에 이르기까지
많은 영향을 주고 있다.
그중에 빨간색은 우리 몸의 아랫도리 부분을 주관하는
동력에너지요, 생명에너지요, 물질에너지요
우리 삶의 기초, 토대, 기반, 가장 중요한 터닦이와 같은
삶의 뿌리 부분에 해당한다.

인간의 몸은 천기와 지기를 고루 받아 균형을 이루어야
바르고 건강한 삶을 영위해 나갈 수 있다.
하늘의 신령함만을 추구하는 보라색의 성향에 치우치거나
땅에 물질에만 치우치는 빨간색의 편협된 성향도
결코 인간을 행복하게 할 수가 없다.
하늘의 신령함을 지나치게 추구한 사람들은
아랫도리 빨강을 억압하고 배제시키면서
심각하게 병이 들어 있고 물질 만능주의에 치우쳐

돈이 전부 인 양 쫓아다닌 사람들의 에너지도
심각하게 병이 들어 지금은 천기와 지기의 에너지 균형이
다 깨져버려 고통스런 체험뿐인 시기를 살고 있다.

이제부터 물질과 섹스에너지의 내적 에너지 균형을
우리 몸에 들어와 있는 일곱 색깔 무지개 색으로
조화로움을 찾아가는 비밀을 보도록 하자.

우리 몸의 뿌리이며 삶의 베이스, 기초공사에 해당하는
빨간색의 자리가 건강하면 물질의 풍요와 성관련 행복과
가정의 따사로운 느낌의 화목함과 현실 문제 해결
능력 등의 중요한 부분들에서 풍요와 건강한 삶을
누릴 수가 있는 중요한 기능이다.
그러나 이 기초가 되는 빨간색의 에너지 센터가 잘못되면
성관련 문제, 돈 관련 문제, 살아가면서 툭툭 터져 나오는
현실적인 문제들에 대한 해결 능력
아이디어 부족 현상이나 아이디어가 있어도 실행능력이
없다거나 하는 등의 심각한 삶의 문제 앞에 주눅이 들려
거기에 눌려버리고 만다.
개인뿐만 아니라 인류 전체가 성을 억압해오고
왜곡시켜온 것들의 병적 증상들을 돌아보면
가장 천박하고 악한 욕을 할 때도 성 관련한 욕을
만들어 사용할 만큼 우리는 성에 대한 수치스럽고 부정적인
관념들을 형성해 왔다.

7번 보라색
6번 남색
5번 파란색
4번 초록색
3번 노란색
2번 주황색
1번 빨간색

지금 지구촌은 심각하게 병들어 있다.
성은 사랑을 축하하기 위한 행위로 주어진
창조주의 선물이다.
여기에 인간은 얼마나 많은 에너지를 변형시켜 왔는지
돌아볼 때가 되었다.
이 땅에서 성과 돈을 배제시키고 행복할 수 있는가.
이제는 성과 돈에 대한 가치를 바로 세워야 한다,
여기서 더 가면 인류는 너무도 고통스러움만을
가중시켜갈 뿐이고 그 끝이 어찌될 것인지 미래가
불투명할 만큼 지구는 험악한 에너지 시궁창이 돼버렸다.
이제는 가치를 찾고 에너지 균형을 이루어 바로 잡아야 한다.

무소유를 주장하는 종교적 가르침을 보자.
건강한 어린 아이에게 장난감을 무조건 내려놓고
버리라고 하면 버릴 수 있겠는가.
자동차를 가지고 놀던 아이에게 그거 가지고
친구하고 같이 놀아라, 친구에게 주어라, 버려라
내려놓아라는 주문을 아무리 해도 아이가 좋아하고
가장 필요로 하는 이 자동차를 버릴 수도 누구에게
주는 것은 안 되는 일이다.
그렇지만 비행기라는 것을 주면 눈이 번쩍 뜨인
그 아이는 자동차를 버리라 누구한테 줘버리라 하는
주문을 안 해도 자연스럽게 내려놓는다.
우리에게 자동차는 돈과 섹스이고 비행기는

파라다이스라는 삶의 가치를 말한다.
멋진 가치를 제시해 줄 수 있을 때
그 가치가 얼마만큼 매력 있고 좋은 것이라면
지금 틀어쥐 쥐고 있는 것들은 당연히 내려놓을 수밖에 없다.

우리가 몸을 입고 사는 동안 가지고 노는 것들 중에
돈과 섹스를 버릴 수는 없는 인생의 핵심이다.
우리가 이 땅에 두 발을 딛고 서서 깊게 뿌리를 든든히
내리고 건강하게 사는데 필요한 힘은
땅의 기운 지기를 받아야 하는데
그 지기를 대표하는 것이 바로 돈과 섹스다.

육신을 입고 있는 한 쾌적하고 안락하게 거해야 되는
집이 필요하고 매일 먹어야 하고 입어야 하고
몸이 움직이면 움직이는 대로 돈을 깔고 살아야 하는 것이
우리 육체의 현실이다.
우리 몸에 제 1번 기본 베이스(회음 혈 자리)는
땅의 기운이 들어오고 나가는 붉은 색의 에너지의 문이다.
지금 인류는 이 자리를 너무도 억압하고 배제시키고
천시하고 두려워해 왔다. 그 결과가 요즘 우리를 이토록
불행하게 만든 원인이 되었다.

배꼽 밑 하단전 부위에 창조주는 천국을 구성하고 있는
환희의 에너지를 하나의 장치로 비밀처럼 넣어 두었다.

이것은 육적 자아의 자기중심적 이기심으로 섹스를 사용하는
이들에게는 결코 열릴 수 없는 잠긴 문이라 할 수 있다.
이타적이고 사랑하는 상대를 향해 헌신적인 사랑의 파트너를
만날 때에 만이 아름답게 소용돌이치며 상승할 수 있는
영혼의 깨어남 열림 같은 축복의 문이 열리도록
되어 있는 것이다.
이 아름다운 선물은 개체의 몸을 입고 이 땅에 와서
여행을 하는 동안 우리 본래의 고향집을 잊지 말고
기억하다가 되돌아 갈 수 있는 하나의 기억 장치
또는 지도처럼 넣어두신 창조주 아비 된 마음의 배려이다.
서로 진실로 사랑하는 순간 하나가 될 때 일어나는
기쁨의 에너지를 느끼는 그 순간은
천국의 그림자를 잠깐 맛을 보는 정도의 기능이 아니라
그 에너지를 상승시켜 인당의 자리인 제 3의 눈이 열리는
자리까지 끌어 올리면 통찰 직관 이해를 통해
하늘 문이 열리는 것과 같은 앎이 일어난다.
아! 내가 있었던 본래 고향을 형성하고 있는
이 에너지를 기억해 내는 순간이다.

이런 깨어남은 이 땅의 모든 환상의 세계에 대한
가치들이 얼마나 덧없음을 알게 할 만큼 엄청난
아름다움이기 때문에 본향을 기억하는 순간
이 땅의 집착을 내려놓게 되며
아, 나는 잠시 지금 여행 중이었구나 하는 깨어남의

통찰이 일어난다.
이러한 경험은 이 땅에서의 내 삶과 목적이
명확해지는 순간이다. 더 이상 방황하지 않으며
본래 나의 집을 기억하여 지금 나는 여기서
어떤 체험을 위하여 와 있는지를 바로 알게 된다.

이러한 경험은 진실한 사랑으로 섹스라는 본래의 기능과
목적대로 사용될 때만이 일어날 수 있는 일이다.
이러한 사랑의 축하로서 섹스를 즐기게 될 때
두 사람은 순수한 무아의 어린 아이처럼
천국을 경험하게 된다.
이런 결과로 자연스럽게 만들어지는 것이
인간 생명의 태어남이다.
이렇게 아이가 태어나게 될 때 그 아이의
내적 에너지는 지금 우리가 살고 있는 에너지하고는
전혀 다른 사랑으로 진화된 생명이 태어나는
통로가 될 것이다.
지구에 이런 아이들만 태어날 수 있다면
엄청나게 진화된 지구의 환경이 이루어지겠지만
이러한 본래의 목적을 벗어나 섹스하는
상대 파트너를 내 욕망을 푸는 도구로 사용하거나
돈을 버는 목적에 쓰고 착취나 상대를 조정하기 위한
수단으로 사용하는 등 우리는 본래 기능에서 벗어난
행위들로 섹스를 이용해 왔다.

이런 선택을 해온 인류가 겪어야 하는 결과들은
개인이든 인류 전체이든 결코 행복할 수 없는
불행과 고통스런 현실 체험만을 반복하게 될 뿐이다.

가정이 주는 안락함과 따뜻한 휴식을 주는
둥지를 잃고 방황하는 들 뜬 사람들이 현실적으로
얼마나 많은가.
사랑하는 사람을 찾지 못해 성적으로 방황하는
안정되지 못한 사람들은 또 얼마나 많은가.
성 관련 문제로 갈등과 아픔을 겪는 사람들은 또한
얼마나 많은가.
나이가 많아도 성 에너지 균형하나를 안정되게 잡지
못하고 흔들리는 수많은 남성들의 섹스 상품 시장을 보라.
거기엔 사랑은 없고 돈 놓고서 짐승 같은 배설행위만
있을 뿐이다.
나 아닌 곳에 가서 나 아닌 짓들을 수도 없이 해보면서
진정한 나를 찾고자 하는 길 찾는 방황이 오늘도
섹스 에너지 불균형에서 일어나고 있는 중이다.

지금 돈이란 힘이고 권력이고 인격이라 할 만큼
하나님 머리 꼭대기에 올라 앉아 사람들을 종과
노예삼아 휘두르고 있는 상황이다.

돈은 단순히 거래를 위한 도구이며 우리 행복을 위한
도구에 지나지 않는 것인데도 불구하고 돈이 이렇게
거대한 힘을 발휘하기까지 인간 스스로 그렇게
돈을 우상화해서 섬겨 놓았기 때문에
우리 모두가 공급해주는 그 양식과 그 기운을 먹고
자라난 돈은 이제 창조주보다 인간보다 위에서
호령을 하는 힘과 권력이 돼 버렸다.

인간 스스로가 거기에 힘을 실어 준 것만큼
돈은 우리 위에서 굴림하고 있는 것이다.

종교는 청빈이라는 가치를 앞세워 돈을 배제시키고
타락의 주범처럼 돈의 이미지를 악하게 만들어 놓은
우리들의 가치 관념들이 나의 풍요를 스스로 막아
결핍만을 경험하게 만들어 버린 것도
종교가 만들어낸 우환 중에 하나이다.
그러면서 신의 이름으로 한쪽에서는 거룩히 여겨져 온 돈
이렇게 기울어진 불균형으로 돈 때문에 피 말리는
고통을 체험하게 된 뒤 배후에는
이렇게 기가 막힌 돈에 대한 대우를 해줬던
우리들 모두의 탓이 있다.

우리가 지금 찾아야하는 중요한 가치는
주변과 나를 비교하는 것을 일단은 내려놓고
내가 충분하다고 하는 나만의 가치 기준을 찾는 것이
급선무이다.
내가 충분하다고 느끼는 기준 없이 주변만 따라가다 보면
우리는 평생을 노력해도 만족이라는 것에 도달할 수 없이
죽을 때까지 결핍의 상태에서 벗어날 수가 없다.
아무리 힘들게 젊은 날을 바쳐 이루어 놓은 30평짜리
아파트라는 내집 마련을 한 순간은 말로다 못할 기쁨이어도
옆집 동창 네 집 60평의 큰 집에 화려함을 보는 순간
30평의 행복은 순간 달아나면서 또 결핍이라는 수렁으로
가라앉게 되고 만다.
내가 충분하다고 하는 기준은 사람마다 모두가 다르다.

어떤 사람은 자연 속에 초막을 짓고 살면서
계절마다 내어주는 열매나 자연의 풍요를 참 만족으로 느끼는
그 걸 풍요라 하고 충분하다, 넘치는구나 할 수도 있고
어떤 이는 명품 외제차에 넓고 세련된 아파트가 있고
한 달에 몇 천 만원은 쓰고 살아야 진정한 풍요라고 느끼는
사람도 있을 것이다.
내가 풍요롭다고, 충분하다고 느끼는 나만의 기준을
찾아 놓고 사업을 하든 직장생활을 한다면
끝도 없이 쫓아가야 하는 고단함으로 일생을 허비하며
주눅이 들어 사는 일은 없게 되고

지금 내가 여기서 행복할 수 있는 것이 무엇인지로
관심이 바뀔 수 있는 것이다.

풍요롭고 충분하다는 내 기준을 넘어설 때
우리는 다시 불행이 시작된다.
삶의 단순함은 사라지고 복잡해지면서
관리나 내 능력 밖에 신경써야할 일들로
자신의 삶의 몫을 놓치게 할 뿐이다.

성경에 이르기를 마음이 가난한 자는 복이 있나니
천국이 저희 것이라 하는 말씀 때문에 많은 사람들이
돈에 대한 잘못된 기준을 형성하게 된 것도 사실이다.
마음이 가난하다는 말은 말 그대로
마음이 가난함을 말한다.
마음에 온갖 들여놓을 것 안 들여놓을 것으로
일생을 두고 날마다 보는 대로 듣는 대로 느끼는 대로
주워 담는 일은 항상 습관처럼 잘 하면서
마음을 비워내는 것은 잘 못하는 것도 사실이다.
마음이 무엇인가로 가득 차 있으면 부하가 걸려
기동성이 떨어지고 삶에 필요한 생명에너지만
고갈 시킬 뿐이다.

우리는 모두가 풍요롭고 충분함의 느낌 안에서
다 누릴 수 있도록 태어난 존재들인데
가치 기준이 들은풍월로 형성이 되면서
자신의 고유한 가치를 놓쳐버리고 주변 따라 비교하는
기준에 맞춰 살아가는 패턴이다 보니
아무리 열심히 노력해도 언제나 경험하는 건 결핍뿐이다.

골드 원상화   2013년 作

이미 가진 것들이 얼마나 많은데
우리는 늘 무엇도 없다 무엇도 없다 하는
결핍증세로 심각하다.
어느 기준에 맞춰서 없다는 결핍을 느낀단 말인가.
자포자기의 자족하는 마음이 아니라 우리는 찾아야 한다.
내가 진정으로 풍요롭구나, 충분하구나 하는 그 기준을
내 안에서 진지하게 찾아내야 한다.
우리가 넉넉하다고 하는 기준은 그리 대단하게 아니다.

다만 뭔가에 비교하는데서 오는 결핍증상인 병적 치유를 통해
진정한 나로 돌아가는 것이다.

내가 진실로 느낄 수 있는 충분함이라는 기준을
내 안에서 찾는 건 아주 중요한 문제이다.
이 주체성 확립이 안 되면 일생을 남들의 시선의 노예로
살다가 나의 진정한 만족이나 행복이란 걸 모르고서 죽을 것이다.
나의 충분함보다 더 많은 걸 가지고 남들 앞에서
폼 잡고 과시하고 싶은 욕구는 어디서 왜 나오는지도
면밀히 내 안에서 관찰을 해 봐야 한다.
그것은 인정받고 싶은 욕구이고 결국 남의 관심을
구걸하는 거지 상태인 내면을 들여다보고 무엇으로
채워야 하는 지를 진지하게 고민해볼 필요가 있다.

깡통 들고 밥 한 술만을 구걸하는 거지만 거지인가,
내가 무엇이 아쉬워서 남의 관심을 필요로 하고
인정받기를 구걸하고 있는지.
내 진정으로 그런 인정 없이 당당하게 살아갈 수 없는
그토록 허약체질이라면 남의 관심 없이도 당당하게
강한 체질로 자신을 세워야하지 않을까.

돈 에너지 균형 잡기와 성 에너지 균형 잡기가
내 안에서 이루어질 때 더 이상 방황은 없다.
고통도 없다.
인간의 모든 고통과 방황과 어두움은
에너지 균형을 이루지 못해서 오는 것들이다.
균형이 딱 잡히면 평화롭고 안정감이 생긴다.
휴식이 있고 참 만족이라는 걸 알고 느낄 수가 있다.

우리가 육체를 가지고 이 땅에 사는 동안은
두 발을 땅에 단단히 세워 균형을 잡고
신바람 나게 살 수 있어야 한다.
이 물질 세계를 가치 없고 하찮은 형이하학적 가치로
비하 시키면서 하늘의 형이상학적인 고매한 가치만을
추구하는 것으로 치우쳐 살아가고 있다면
몸을 입고 이 땅에 와서 체험으로 이루고자 하는
삶의 몫을 다 놓쳐버리고 마는 균형상실만을 보여주는 것이 된다.

나에게
충분함이라고 하는 건
무엇인가.

사랑하는 파트너와 헌신적이고
조건 없는 사랑을 서로에게 줌으로 해서
충분하다고 느끼고 풍요로워서
옆으로도 흘러갈 수 있을 때.

흙도 행복하고, 곤충들과 식물들과
동물들과 함께 모두가 같이 행복한 교류가 있는
집이라는 환경, 이 모습은
천국을 구성하고 있는 에너지를
집이라는 공간으로 가져와 현실이 되도록
구현해 내는 것을 말한다.

천국은 내 안에 있고
사랑하는 파트너 안에도 있기 때문에
밖으로도 현실화해낼 수 있는 것이다.

두 사람 중에 한 사람만이 헌신적이고
다른 한 사람은 이기적이고 자기중심적으로

자신의 필요한 것을 채우고자 한다면
서로에게는 균형을 잃고 갈등과 균열이
부분적으로 일어나기 시작하면서
아픔이 생겨나고 고통으로 가게 된다.

그곳이 바로 지옥이 되는 것이다.
지옥은 사람이 만든다.

이기적이고 자기중심적인 사랑의 파트너는
함께 천국의 가정을 꾸리고 가꾸어나갈 수가
없는 것이므로 서로 영적인 레벨이 맞아야 평안하다.

집이라는 여기 이 공간은 동물도 같이 살고
식물과 곤충들과 땅이 함께 숨을 쉬면서
똑 같이 행복할 수 있어야 한다.
그 에너지는 사람에게서 나온다.
그들 없이 나만이 존재할 수는 없는 것이니까.

사람이 그 집안에서 갈등하고 싸우면
그곳에 함께 있는 모든 자연도 따라서
고통을 받게 된다.

나는 준비가 되어 있는가.
상대방만 준비된다면
안락하고 행복한 천국은 집이라는
공간에서부터 시작될 수 있겠는가.

일상의 기쁨과 행복은
사람의 내면으로부터 나오는 것이다.
한 사람이 내면의 균형이 불안정해서
방황을 하고 있다면 함께하는 다른 사람이
고통을 받아야 한다.
그 사람이 사는 공간에 함께하는
자연도 같이 고통스럽다.

게으르고 나태한 마음을 버리지 못해
겸손을 모르면서 깨닫는 것에는 관심도 없고
자기중심으로 자신의 만족을 채우고자 한다면
그 사람과 함께 하는 사람, 동물들
식물들에게까지도 천국은 멀기만 하다.

집이라는 공간이든
일터라는 공간이나 사회생활을 하는
곳이든 사람이 원인을 제공하는 것이고
사람이 어떤 에너지 파장을 발산하느냐에
따라서 그곳이 달라지는 것이다.

가장 중요한 것은
사람 안에 무엇을 담고 있으며
어떤 에너지를 발산하고 있는지이다.

집이라는 환경의 공간 안에서
이렇게 행복하고 안정된 생활을
현실화해 낼 수 있는 것처럼
확대된 지구도 마찬가지로
사람들 안에 무엇이 들어 있고
그 들어있는 것을 내 놓고 사는 그것 때문에
여기는 지옥이 되기도 하고 천국이
되기도 한다.

우리는 내 중심으로 한
내 개인의 행복만을 위해
분주하게 돌아다닐 것이 아니라
우리가 함께 행복할 수 있는 걸
고민하면서 자신의 수준을
높여가야 한다.

이런 사람이 많아질수록 지구의 레벨은
상승의 기류를 타고 진화해 갈 수 있다.

내가 어떤 사람이냐에 따라서
내가 있는 공간이
기쁨으로 넉넉한 곳이 될 수도 있고
나 때문에 그곳이
지옥이 될 수도 있는 것이니까.

나의 가치는 내가 정한다.

내가 고귀한 사람이 되지 못하는 데에는
이유가 있다.

내가 다른 사람들을 어떻게
대하는지를 가만히 들여다보면
거기에 답이 있다.

내 생명이 귀하고
사랑스럽지 못한 데에는
내가 다른 생명들을 어떻게
대우하고 있는지를
가만히 들여다보면 거기에 답이 있다.

내 안에 깔려있는 프로그램이
그렇게밖에는 작동하지 못한다면
그 프로그램을 내 마음에 깔아 놨으니
그 프로그램이 작동하고 있는 것이 아닌가.

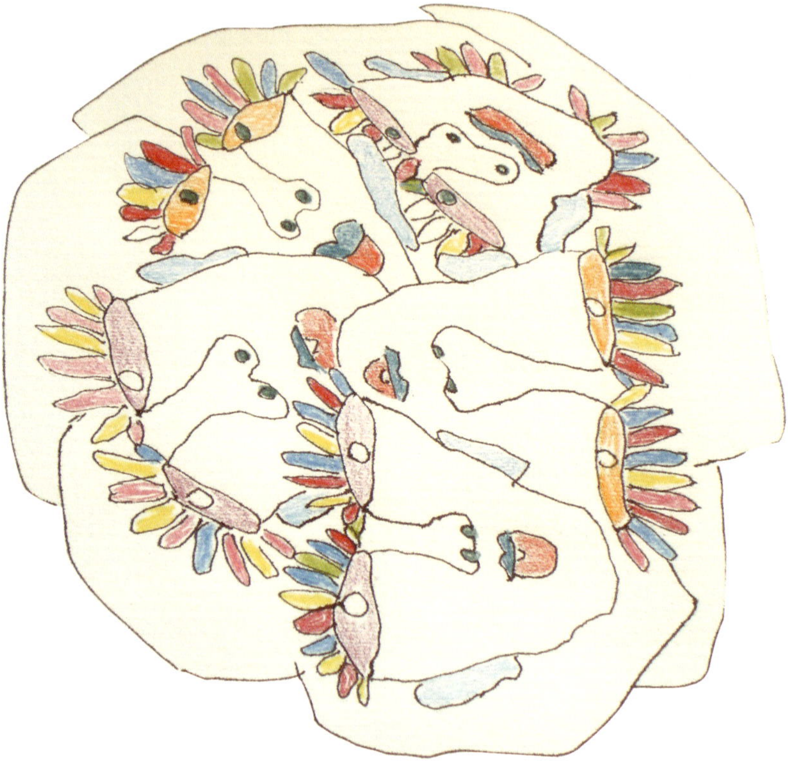

내가 무수한 생명들에 대한

존중함이 없이

경시하고 경멸하는 경향을 가지고 있는 한

나도 귀한 존재가 되기는

어려운 것이 우주가 돌아가는 이치이다.

내가 고귀한 사람은

다른 사람도 고귀한 사람으로 보게 되어 있다.

내가 나의 주인이야.

어린 가슴끼리 서로 생채기를 내며
생을 낭비하기엔 짧기만 한 세월의 인연.
당신도 나만큼 소중한 생명이기에
놓아 주고, 존중하고
나와 다른 것을 틀렸다고 판단하지 않으며
바람처럼 물처럼 흐르듯 살리라.

내가 주인이야.

우리의 인생은
올 때는 순서 따라 나왔지만
갈 때는 순서 없이 언제 떠나게 될지 몰라
나의 영혼은 미리 알고서
준비를 한다네.

태어나는 것도 기쁨인 만큼
가는 것 또한 슬픔 아닌
또 다른 생의 시작이라네.

옷을 갈아입는
이 단순한 격식 앞에
우리는 너무도
호들갑을 떨고 있지는 않은가!

나의 영혼은
육신의 옷을 입기 전
모든 것을 알고는 있으나
몸으로 하는 체험이 아니면
그 맛을 알 수가 없기에
나 아닌 다양한 다른 형태의
체험들을 하고 싶어
이 세상을 선택 하였다네.

이 세상으로 들어오면서
나는
전에 기억을 모두 지워버리고
처음 난 것처럼 삶을 시작했다네.

우리는 대부분 일천 번이 넘는 생을
태어나고 죽는 걸 반복하며
다양한 삶을 경험해 보고 있다네.

전생에 나는
상인이었고, 착한 사람이었고
살인자였고, 성직자였으며, 여자였고, 남자였고
도둑놈이었고, 부자였고, 거렁뱅이 였으며
선생이었고, 주인이었고, 종이었고.

온갖 다양한 모습의 삶을 살아봤지만
아직도 내가 누구인지는 알 수가 없어
진짜 나를 알기까지
체험을 멈출 수가 없어서
여기 이 모습을 하고 있다네.

남들과 비교나 하고
경쟁하다 밀려나 주눅이 들거나
비참하게 자신을 비하시키며
때로는 아파하고

생존을 위해 물질을 구하러
아침부터 저녁까지 날마다
온 생을 돈에 바치는
겨우 그 짓하다 가려고
나온 것이 아니라네.

더 이상 방황하지 않으려면
이 세상으로 들어 올 때 지워버린
내 본래의 기억을 찾아야 한다네.

그 잃어버린 기억만 찾아 낼 수 있다면
나는 내가 누구인지?
나는 왜 여기서 이렇게
삶을 이어가고 있는지?
앞으로 어떻게 살아야 하는지?

이 몸을 떠나 죽음이라는 걸 맞이하면
그 다음의 나는 어떤 존재일지?
모든 것이 분명해진다네.

나는 분명한 목적을 가지고 태어났지만
먼저 살던 사람들이 가르치고 주입시켰고
그들이 살던 모습들을 흉내 내느라

내 얼과 정신을 빼앗겨
본래 나의 목적을 잃어버리고 말았다네.
그동안 그런 식으로 수십 년을 살았어도
나는 여전히 먼저 산 사람들의 삶의 형태를
모방하며 그들을 따라 살기에 바쁜 것뿐이라네.

혹여 그 테두리를 벗어나면
나는 이상한 사람이라 찍힐까, 그들의 눈치를
살피면서 적당히 그들과 타협하고 어울려서
살아보려 하지만 여전히 나는 이방인처럼
살고 있고.

내가 아닌 저들에게 적당히 엉거주춤 맞춰진
이상한 사람으로 살다가,
나는 그만 우울한 증세까지 앓아 보았다네.

아! 이제는 인생의 절반이 가 버린
불혹의 나이!

나와는 별 상관도 없는 뭇 사람들.
돌아서면 타인들이고
갈라서면 그만인 사람들 때문에
나는 더 이상 방황하거나 약해지거나
내 삶의 몫을 잃지 않고 살아야 할
내가 있다네.

본래의 나!
나는 그동안
사람들에게 휘둘리고, 돈에 시달리고
시간에 쫓기면서

누가 쫓아오는 이 없이도 마음은 급하고
누가 간섭 하는 이 없어도 압박감에 눌리고
내가 나로서 살지 못하도록
나를 옥죄며 흔들어 온 건 내가 아닌
다른 어떤
에너지였음이 아닌가!

나는 그동안 무엇에 홀려 나를 잃고
살아왔음이었던가!

누구를 탓할 일도 없고
누구도 원망할 일 없이
내 영혼은 내가 세상에 취한 사이
내가 아닌 다른 것들을
실컷 체험해 본 연후에
"어떤 것이 나인가?" 하고
알기를 원하고 있었다네.

누가 뭐래도 "나는 이런 사람이야!"
누가 뭐라 해도
"나는 결코 그런 사람이 아니야!"
라고 말하는 "그 나는 무엇인가?"

이걸 찾고자

그동안 수많은 아픔, 슬픔, 고독, 방황

외로움, 거짓, 분노, 원망 등의

나 아닌 것들을 체험하느라

삶의 절반이 다 흘러가 버렸다네.

잠에서 깨어난 사람마냥

술 취했다 술 깬 사람처럼

퍼뜩 깨어 보니

나는 이렇게 살고 있는 내가 보이네.

기독교는 "항상 깨어있으라" 그랬고

불교는 "관조하라" 그랬거늘.

나를

내가 아닌

다른 사람의 시각으로 구경하듯

나를 객관적으로 보라는 얘기라네.

엄청나게 피곤할 정도로

이 '깨어있는 상태'가 습관이 되고

내 몸으로 체화될 때까지

나는 관조하는 삶을 연습하고 훈련하여

살아내지 못하면

삶은 온통 올무가 되어 나를 걸려 넘어지게 하고
아프게 하고, 비참하게 하고, 어둡고 방황하는
구렁텅이로 또 다시 끌어내리고 만다네.

내 삶의 주인은 나고
내 삶의 몫은 내가 선택하고
내 삶에 나타난 모든 것은 내가 창조하고
내가 끌어들인 것들이라네.

누가 그리 하라고 떠밀기라도 했던가?
떠민다고 밀려 갈 나인가?

고집 센 나는 누구말도 듣지 않고
내 고집대로 살면서
내 모습이 지금 이렇다고
누구를 탓할 일도 아니라네.

모두 내가 정한 것들이었으니
그래서 어른의 삶이란
자유가 크게 주어진 만큼이나
책임은 무겁고도 큰 것이라네.

여린 가슴끼리 서로 생채기를 내며
생을 낭비하기엔 짧기만 한 세월의 인연.

당신도 나만큼 소중한 생명이기에
놓아 주고, 존중하고
나와 다른 것을 틀렸다고 판단하지 않으며
바람처럼
물처럼 흐르듯 살리라.

아프리카여인들 2012년 作

사랑에 대한 내 영혼의 욕구
— 빨간색의 에너지에 관한 이야기

사람이 너무도 긴 세월을 아픔과 상처 속에서
만신창이가 되다보면 그 끝자락에 가서야
진정한 자각이 일기 시작합니다.

우리 모든 영혼들은 고귀한 사랑의 느낌을 찾고 있습니다.
어쩌면 이것에 대한 추구로 수 만생을 다시 와서
방황하고 있는지도 모릅니다.

이 세상에 어떤 사람이 사랑하는 파트너로부터
무시당하는 느낌이나 모멸감, 자존심 상함, 이용당하는 느낌
착취당하는 느낌으로 갈등하며 상처 받기를 바랄까요.

모든 사람은 자신이 가장 고귀하고 싶은 바램과 추구가 있기에
오늘도 성공이나 좀 더 멋진 자신을 위해 행복을 좇아가느라
바쁜 일상을 보내고 있는 모습입니다.

열심히 길을 가다가도
여기서는 내가 더 이상 인정받거나 크지는 못하겠구나

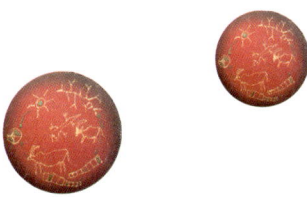

하는 판단이 들면 떠나거나 환경을 바꿔보기도 하고
지속적인 상처와 아픈 느낌을 받는 사람과의 관계를
지속할 이유가 없음은 자명한 사실입니다.

사랑하는 파트너와의 관계에서 내가 귀한 존재이기보다는
지속적으로 서로 상처를 내면서 아픈 일만이 지속된다면
여기는 내가 있어야 할 나의 자리가 아니라는 자각이
일기 시작합니다.

왜냐하면 모든 영혼의 추구는
자신이 마땅히 있어야 할 자리를 찾아 앉고자 하는
욕구가 있기 때문입니다. 그것도 가장 고귀한 자리에 대한……

사람이 너무도 긴 세월을 아픔과 상처 속에서
만신창이가 되다보면 그 끝자락에 가서야
진정한 자각이 일기 시작합니다.

내가 마땅히 있어야 할 곳에 대한 간절한 욕구
인정받고 싶은 욕구의 근저에는
내가 가장 존귀한 순간의 사랑의 느낌을 간절히
아주 간절히 원하고 있는 내 영혼의 바램이 있습니다.

나 아닌 곳에 가서 그토록 많은 실수와
실패를 통해 받은 아픔과 상처들이 만들어낸
한이 쌓이고 그 한을 풀어보려 다시 오지만
여전히 같은 상황의 반복들로 인해 만나지는
인연들 그 끝에서야 비로소 내 영혼은
진짜를 내 앞으로 끌어 당겨 옵니다.

그 한 많은 세월을 뒤로 하고서
진정한 사랑과 만나지는 순간이 오면
나는 이 세상에서 가장 존귀한 사람이 되고.
사랑스럽고 소중한 사람이 되어갑니다.
고귀한 사랑의 느낌은 그동안 상처가 얼마나 크든
얼마나 긴 세월에 한이 맺혀 풀릴 수도. 치유될 수도
없을 것만 같았던 감정들이 정화가 되고
치유가 일어나고 그 모든 앙금들이 눈 녹듯 녹아내려
위로를 받게해 줍니다.

평안을 말하면 무엇하고 기쁨을 말해 무엇할까.
내가 이 순간 고귀한 사랑의 느낌으로 충만해 있는데.

영혼의 욕구 중에 고귀한 사랑의 느낌에 대한 추구는
억만금의 돈으로도 살 수 없으며
아무리 높은 지위와 명예의 자리에 앉혀놓는다고 해도
해소되거나 한풀이는 될 수가 없는 것입니다.

내가 얼마나 사랑스럽고 소중하고 존귀한 존재인지
사랑하는 사람과 함께하는 순간이면
지난날의 모든 상처와 한이 다 풀어지는 해원의 때가 됩니다.

이러한 나의 바램처럼
나도 상대 파트너를 향해 그런 배역이 되어줄 수 있을까.

이런 인연을 만난다는 건 그리 쉬운 일이 아닙니다.
먼저는 때가 이르러야 하는 것이며
준비된 그릇이 되지 못하면 상대를 담을 수가 없기 때문입니다.
우리는 상대를 담을 만한 정서적 필드를 넓히지 못했기에
그동안 서로에게 상처를 내왔던 것이고 행복할만한 그릇이
못될 수밖에 없었던 것입니다.

관계의 악순환은
그 사람 상대가 나쁜 사람이기 때문이 아닙니다.
이 세상에는 좋은 사람도 나쁜 사람도 없이 다 똑같은 성정을 가진
같은 질료로 만들어져서 같은 지구환경에서 같은 시기를 살아가고 있는
우리는 모두 같은 존재들이라는 것
우리가 다르다는 인식은 분리를 만들고 분리의 극단은 살인입니다.

우리는 모두가 같은 종자들입니다.
다만 나 아닌 곳에 가서 얼만큼 처절하게 나 아닌 체험들을 해 보았는지
그 자각이 가져다준 내면의 넓이를 얼마나 넓혀 왔는지
그 차이만이 있을 뿐입니다.

우리는 얼마를 더 아파봐야 할까요.
우리는 얼마나 더 나 아닌 짓을 해봐야 나를 찾게 될까요.
우리는 얼마나 더 다른 사람의 그런 배역을 맡아 주어야
각자의 진짜 제 자리로 돌아갈 수 있게 될까요.

내가 고귀한 존재가 되고 싶은 가장 소중한 가치를 찾고 있듯이
내 사랑 당신도 얼마나 고귀한 존재이고 싶어한다는 것을
우리는 서로 알아서 온 가슴 온 존재로 받아 안아줄 수 있어야
진정 사랑입니다.

이 사랑이 가슴가득 채워지고 마음이 부요한 자가 되어 있을 때
그 사람에게서 나오는 생동하는 에너지는 세상 부러울 것이 없으며
창조적인 아이디어로 넘치고 삶은 온통 생기로 가득해집니다.
이러한 생명에너지로 살아지는 삶에는 어디에 있든 무엇을 하든
진정한 행복으로 넘치는 하늘 뜻이 이 땅에 이루어진 현실이 되는
것입니다.

그래서 천국은 착한 일 좀 했다고
누구나 가는 곳이 아니라

이러한 능력을 갖춘 자들이나 갈 수 있는
'사랑의 영토' 라는 걸 알아야 합니다.

천국은 아무나 가는 곳이 아닙니다.
사람 안에 천국도 있고 지옥도 있습니다.
바로 내 안에
이미 받아 갖고 있는 에너지

우리는 이렇게 써야 하는 에너지를
날마다 어디에 다 소모해 버리고 있는지.

부정적이고 자기스스로 비하하면서
나의 불행이 너 때문인 양 핑계대고 싶은
허약한 그곳에서 온통
에너지 소탕전을 벌리면서
내 생명에너지는 고갈되어 바닥이 보이고
악다구니만 남아
내 입과 몸에서 풍겨나오는 기운들은
아름답거나 맑지도 못한데
여기에 무슨 사랑이 있고 배려가 있으며
영혼은 어디로 갔나.
속에서 숨도 못 쉬고 질식하고 있지 않은가.
이런 상태로 열심히 공부하는 것이나
직장에서 승진을 하고

화려한 성공을 거둔다는 것은
그대로 커갈수록 뱀의 존재만을 키워가면서
뱀의 비늘만을 화려하게 치장하고 있을 뿐.

우리는 존재가 바뀌지 않는 한
삶의 문제를 근본적으로 해결할 수는 없는 것입니다.

남의 화려한 성공을 부러워하거나
그에 주눅 들기보다
내 안에 생명 에너지를 어디에다
탕진해 버리고 있기에
남들 못지 않은 에너지를 갖고 태어났으면서
나를 멋지게 창조해야 하는 곳에는 쓸 만한
에너지가 남아있질 않게 됐는지 돌아보아야 합니다.

공평하신 창조주는
우리 각자 모두가 최고를 실현해보고도 남을 만한
생명에너지를 이미 다 주셨습니다.
그 본전을 다 어디에 까먹고 탕진해 버렸는지
자신을 돌아보아야 합니다.

환경 조건이 문제가 아닙니다.
생명에너지로만이 넘쳐날 수만 있다면

우리는 이루지 못할 일이 없습니다.

우리는 부정적인 생각을 하고 말을 할 때는
몸에서 생명에너지가 고갈되고
긍정적이고 좋은 생각을 할 때는
몸에서 힘이 생기는 것을
오링테스트를 통해 언제든지 확인해 볼 수 있습니다.

나의 생명에너지를 더 이상
부정적이고 나 아닌 것들을 쫓아다니면서
낭비해 버리지 말고
새로운 에너지로 충전하는 길이 무엇인지부터
절실한 마음으로 찾아가야 합니다.

이건 나를 위해 나만이 할 수 있습니다.
누가 대신해 줄 수 있는 문제가 아닙니다.

이 사랑과 관련된 에너지는 빨간색에 해당하며
우리 몸의 성기와 항문 사이에 있는 회음혈이라는
자리를 통해 땅의 지기인 붉은 색의 에너지가
들고 나는 곳입니다.
이 부위가 병들거나 막히거나 억압되거나
건강하지 못하면 성 관련 문제, 가정의 안락함이 주는
따뜻한 느낌에 관련된 것들과 현실에서 마주치는

문제들에 대한 해결 능력의 문제
그리고 물질 문제와 연관이 있어
이런 것들로 인해 고통과 불협화음을 삶에서
경험하게 됩니다.
의사도 못 고치고 약으로도 안 되는 문제들을
컬러로 진단하고 처방하여 자연치유 방식의 컬러요법이
바로 이런 것인데 아직 우리나라는 보편화 되지 못한
분야가 아닌가 생각합니다.

지금 우리 사회나 인류가 겪고 있는 성추행
성폭행 사건 등 수 많은 성 관련으로 몸살을
앓고 있는 문제는 이 빨간색에 해당하는 부위를
억압해 왔기 때문입니다.
우리는 너무도 많은 세월에 걸쳐 성을 억압하고
수치스럽게 여기거나 사랑이 아닌 다른 용도로
사용해 오면서 얼마나 병들게 했는지
그 대가를 받으며 살고 있는 현실을 보면서
우리는 이제 자각을 할 때도 되었다는 절실함이 있습니다.

이 문제는 종교에서도 일조를 한 책임이 있습니다.
수녀나 수도승, 신부들이 자신들의 영적 야망을
이루기 위한 수단으로 성을 억압하고 배제시켜온 것도
오늘날 성 범죄 사태에 일조를 해온 것이며.
사춘기에 접어든 자녀들에게 부모들이 성 관련

바른 지식에 대한 가르침을 회피한 것과
남성들의 욕망을 위한 정조 관념으로 순결이라는
가치 기준을 만들어 여성들의 성을 억압하고
성에 대한 자유를 빼앗아온 것들과
성을 수치스럽고 부끄러운 것으로 가장 저속한 욕을
하는 데에 사용되어온 언어에 이르기까지 우리가
성에 관련해서 저질러온 대가는 성 관련 범죄로 인한
사회적 불안이나
고통들로 돌려받으며 살아가고 있습니다.

이것은 빨주노초파남보 컬러 중에 처음이고.
가장 기초가 되고 삶의 토대이며 바탕이 되는
우리 인생에 가장 중요한 시작점에 해당하는
빨간색이 병든 현상을 말합니다.
우리는 빛으로부터 온 존재입니다.
색은 빛이 있을 때 보입니다.
색은 에너지이며 우리 몸과 정서에 바로 영향을
미치는 삶에서 빼 놓을 수 없는 중요한 요소입니다.
모든 생명은 빛이 없이는 살 수가 없습니다.
사람도 마찬가지로 빛의 에너지 없이는 살아갈
수가 없습니다.
빛 에너지가 보내주는 파장이 컬러인데
이 컬러 에너지가 우리 몸에 들어오고 나가면서
우주 자연과 서로 공명하고 탯줄처럼 연결되어

하나로 숨 쉬며 살아가는 중요한 생명의 요소입니다.
그런데 우리는 컬러에 대한 상식이나 인식이
많이 부족해 보이는 것이 현실입니다.

지금은 빨간색의 한을 풀어야 하는 시기입니다.

개인이든 집단 사회든 물질과 성에 관련된
이 빨간색의 에너지는 땅의 기운인 '지기'를 말하는데
인간이 몸을 입고 지구에 태어나 땅의 기운에
깊고 튼튼하게 뿌리를 내리지 못하고 비현실적으로
허공에 뜬 사람처럼 살아가고 있다면 삶이 어떻게 될까요.
공상, 망상, 자폐증 환자처럼 자기 속에 갇혀 살거나
물질 때문에 고통을 받던가, 성관련 문제로
가정의 문제나 개인적으로 고통을 받는 것들은 모두
우리 삶의 뿌리와 기초에 해당하는 빨간색의 자리가
병든 것임을 말해 줍니다.
돈 에너지를 컨트롤 하지 못하고
성 에너지를 컨트롤하지 못해서 발생하는
우리 내면의 흔들림이 우리를 얼마나 불행하게 만드는지,
내 생명 존재 전체를 흔들어대는 중요한 문제가
되고 있습니다.
이 내적 에너지의 흔들림으로부터 자유로운 사람들이
세상에 몇이나 될까요.
나이는 많아 어른이 되어서도

내면의 에너지 균형을 잡는데 능숙한 기술을 갖지 못했다면
그 사람은 결코 행복하다고 할 수가 없습니다.
돈은 아무리 많아도 너무 적어도 우리를 흔들어 놓는 건
마찬가지이기 때문입니다.

우리가 영혼으로 있을 때
나는 이번에 몸을 입고 세상에 나가면
빨간색의 숙제를 풀고 올 거야 하고서
빨간색을 숙제로 들고 나온 사람들이 있습니다.
빨간색의 숙제를 풀고 있는 사람들의 공통점은
돈과 성 관련 문제에 너무도 깊이 관여해서
고통을 받고 있는 모습을 볼 수 있습니다.
나이 60이 되어서도 바람피우는 문제가 해결되지 않아서
가정이 파탄되고 여자 또는 이성의 문제로 피 눈물을 쏟는
몸부림 속에서 아픔을 겪으면서도
그 문제로부터 자신의 내적 에너지 균형감각을
찾을 길이 없는 상태로 있는 것이
빨간색 에너지에 관련한 문제입니다.
보통 사람들은 만져 보기도 어려운 많은 돈을 쥐고
흔들어 보면서도 돈에 대한 고통에서 벗어나지를 못하고
돈의 노예가 되어 돈 없으면 안 된다는 관념에
꽁꽁 묶여서 돈 때문에 고통을 받게 됩니다.
현실에 닥쳐오는 무수한 문제들 앞에
문제 해결 능력을 발휘하지 못해서 고통을 받고

아이디어도 부족하지만 있어도 실행 능력이 없어
좌절하고 자기 스스로를 자책하고 비하시키는
그 자리에서 빨간색의 숙제를 풀고자 안간힘을 쓰고 있는
그 영혼은 그 숙제를 푸느라
온 인생이 거기에만 바쳐져 있다는 걸
본인은 모르는 경우가 대부분입니다.

이 세상을 살아가고 있는 모든 영혼들은
자신들이 이 땅에 와서 풀고자 하는 숙제를 가지고 왔으며
각자가 숙제를 푸느라 나름대로 모두가 바쁜 나날들을
보내고 있는 중이라는 걸 얼마나 알고 살아갈까요.
이럴 때 컬러로 사람들을 진단해 보면
신비롭고도 놀라운 일들을 경험하게 됩니다.

컬러요법은 병도 고치고, 성향이나 기질도 진단하고
문제아도 바로 잡고, 이혼 위기의 부부들에게도
행복을 찾아주고, 진로도 알아보고
옷이나 음식의 색깔 등으로 건강을 챙기는 등
컬러는 나와 나의 생활 전반에 걸쳐 영향을 주고 있고
때로는 사주를 보는 것보다도 컬러 진단을 하다보면
그 사람의 모든 것, 영혼까지도 보이는 듯할 때가 있는
신비로움 자체입니다.
빨간색의 숙제를 풀고자 하는 사람들의 한은
어떻게 풀어야 할까.

각 개인마다 서 있는 길목이 달라서
그 사람이 가지고 나온 다른 컬러들도 같이
진단을 해 봐야 좀 더 구체적으로 알 수 있게 됩니다.

원상화(땅의 기운)   2013년 作

막연하게 살지 말라.
인생은 아주 구체적인 것이다.
분명한 목적이 있고
이루고 싶은 간절한 소망이 있다.
그것이 바로 인생이다.

천국이 이미 하늘에 있는 것처럼
이 땅에서도 천국에 속한 에너지를 그대로 가져와
지금, 여기, 집이라는 환경과 일터에서
현실이 되게 하는 것
이것이 하늘 아비의 소원이다.
아비의 의중을 알고 따르는 자녀는
하늘의 신령한 복과 땅의 기름진 축복을
자연스럽다, 풍요롭다, 충분하다는 느낌으로
받아 누리게 되어 있다.

지금은 그동안 살아왔던 방식이
먹히지 않는 시기이다.
내 안에는 남성성과 여성성이라는
두 가지 성향이 있는데

프렉탈아트(자유) 2005년 作

그동안 살아온 방식은 남성적인 에너지 위주로
행동력의 삶을 치열하게 살아야 했다.
이제 남성적 측면의 에너지는 무대 저 뒤편으로
보내주고 여성적 측면의 에너지로
순응의 흐름과 자연스러움에 맡기고
따르는 길로 가야 한다.
무엇인가를 추진하고 실행하는 행동력으로
사는 것이 아니라 받아들이고 보듬어
내 안에서 수용하고 믿고 따라가는 삶의 패턴으로
가야 하는 시기이다.

문제 해결을 위해 나서서 무언가를 추진해 보려
행동을 취할 때에는
투쟁이 되는 경험을 하게 될 것이다.

남성의 에너지는 앞으로 나아가는 행동력 추진력
의지와 노력, 투쟁과 경쟁이다.
가만히 있지 않고 무엇인가를 해결해 내야하는
에너지적 특성을 가졌다.
우리는 지난 세월 이런 남성성의 측면에서
과도하게 살아왔다.
이제는 이런 방식의 삶은 접어야 한다.

지금은 남자고 여자고 할 것 없이
나의 여성적 측면의 에너지로 살아야 한다.
여성이 하는 일은 받아서 키우고 돌보고
수용과 순응하는 자연스런 흐름에 맡기는
평화로운 것을 말한다.

골드 컬러의 에너지들이
우리 몸에 흘러들어
내 몸에 있는 빨주노초파남보 일곱 색깔
무지개 색과 통합을 이루고 조화와 균형을
이루어 가고자 하고 있다.
수용하고자 하는 믿음과 순응의 태도가 필요한
시기가 되었다.

현실을 바꾸는 나만의 기술

지난날의 실수와 실패를 통해
이 세상 세속적인 가치들이
얼마나 덧없음을 인식하고
거기에 더이상 빠져들지 않도록
나를 방치해두지 말아야 한다.

내가 믿는 것은 머지않아
현실로 나타난다는 발견은
중요하다.

내가 지금 처해있는 상황이
아무리 초라하고 아픈 순간들이어도
이 둥지는 하늘이 나를 키워 가시는
내게 가장 적합한 것임을
겪고 있는 순간에는 인식하기 어렵지만
세월이 흘러 큰 마음 큰 사람으로 자라난 뒤에
돌아보면 알 수가 있습니다.

내가 그동안 저질러온 실수로 인하여
겪은 아픔들로 인해
오늘의 내가 되었음을 감사하고 있는
성숙한 자신을 볼 수 있는 때가 옵니다.

이 세상은 끊임없이 나의 의식에
강한 흔적을 남기고
나의 육체와 악이라는 요소도
내 의식에 자꾸만 흔적을 남기게 되어
내가 바라는 방향을 향해
나아가지 못하도록 발목을 잡는
역할을 합니다.

나는 이것들을 아랑곳하지 않거나
능숙하게 다룰 수 있어야
내 뜻을 내가 원하는 대로 펼쳐갈 수가 있게 됩니다.
현실에서 맞이하고 있는 상황이나
조건들을 탓하지 말고
중요한 것은 내가 믿고 있는 신념임을
알아야 합니다.
내가 믿는 것은 현실이 되어
나타나기 때문입니다.

믿고 있는 그 강도에 따라서
어떤 것은 빠르게 어떤 것은 느리게
현실로 오게 됩니다.

지금까지의 내 삶은
내가 믿은 대로 살아온 것임을
가만히 들여다보면 알 수 있습니다.

내가 믿는 것은 머지않아
현실로 나타난다는 발견은
중요합니다.
이러한 인식은
나의 신념과 잘못 형성된 믿음들을
고치고 변화시킬 수 있기 때문입니다.

내가 저항하는 것은
내 삶에서 계속 버티고 있게 되며
내가 믿는 믿음은
머지않아 현실이 되어 겪게 된다는 것을
놓치지 말고 통찰해야
더 이상의 실수와 실패를 안 할 수 있는
힘이 됩니다.

삶에서 내 감정이 저항하는 것들을
내려놓거나 없어져야 평안이 옵니다.

특히 감정이 진하게 묻어있는 생각이나 믿음은
더 빨리 현실로 와서 체험을 하게 합니다.
그것이 사건이든 인간관계든 돈 문제가 됐든
이런 것들로 인간은 자신의 운명을 현실에서
계속 스스로 만들어가고 있는 중이기 때문입니다.

그래서 부정적이면
절대로 손해라는 것입니다.
부정적인 생각은 내 영혼에 짐을 지우고
내 생명에너지를 갉아먹고 질식시키는 역할만 할 뿐
결코 도움이 되지 못합니다.

오늘 맞이하고 있는 현실이
맘에 안 든다고 해서
낙담에 빠지지 않도록 해야 하고
내 자신을 비하시키지 말아야 합니다.
내가 저질러온 실수들은
나를 성장시키는 것이 되고
결코 자신을 위축시키는 것이 되어서는 안 됩니다.

이것은 이렇게 하겠다는
내 선택으로 가능한 일입니다.

내가 저질러온 실수와 실패를 통해
이 세상 세속적인 가치들이
얼마나 덧없음을 인식하고
거기에 더이상 빠져들지 않도록
나를 방치해두지 않아야 합니다.

모두 다 내가 하는 것들이니
그것을 멈추는 것도
나만이 할 수 있는 것입니다.

현재 주워진 상황이나
돌아가는 겉모습에 대해
나는 아랑곳하지 않을 만큼
초연해질 필요가 있습니다.

거기에 의식이 가 있으면
나를 한없이 지치고
좌절하고 약하게 만드는
지름길이기 때문입니다.

지금 내가 맞이한 나쁜 상황들은
나의 과거 부정적인
내면의 에너지들이 자석처럼
끌어 당겨오고 불러들인 것들일 뿐이니
완전히 무시해 버리고
내가 바라고 되기를 원하는 것들과
내가 좋아하는 상황에 주의를 집중하여
끊임없이 바라보고 기대하며
자꾸만 구체적으로 그려보는 것은
새로운 나의 미래를 앞당겨 끌어오고 있는
것입니다.

현실 상황을 바꾸고 싶다면
열심히 연습에 또 연습을 하는
이것만큼 좋은 방법은 없을 것입니다.

내 생각과 의식이 가 있고
몰두하고 있는 그곳에는 에너지가 있고
거기에는 새로운 창조가 일어납니다.

내가 믿는 것과 내가 간절히 바라고
집중하여 하는 생각이나 의식은
그것을 끌어 당겨와 현실이 되게 하는
희한한 우주 법칙 때문입니다.

오늘 내가 겪고 있는 것들은
절대적으로 내 생각과
의식과 믿음이 불러온 것들입니다.

내 신념이 바뀌고 생각이 바뀌고
과거와는 완전히 달라진 새로운 의식으로
바라보는 그 집중된 나의 태도는
또 그런 상황들을
내 현실에 펼쳐놓게 된다는 것을
경험해볼 필요가 있습니다.
경험해볼수록 확신이 생기게 될 테니까요.

그러므로 지금 여기서 나는
지나간 실수와 실패들에 대한
자기 비하나 좌절로 자신을 괴롭히거나
자책할 일이 아니라.

새로운 에너지로 충전하여
내가 간절히 바라는 것을 향해
생각과 의식을 집중하여
새로운 현실을 창조해 낼 수 있는
힘을 길러가는 것은
내 운명을 바꿀 수 있는
절호의 기회입니다.

생명이 있는 한 그 생명은
오로지 활기 넘치고 강해야만 합니다.
이것이 생명의 본능이요
본질이기 때문이다.

나는 너무도 아름답고 소중한 생명입니다.

| 발문 |

선험적·이색적이며 선구적인 꿰뚫어 봄

전규태
〈시인·문학평론가〉

성경의 모두冒頭인 「창세기」에 보면 '태초에 빛이 있었다'고 적혀 있다. 이 구절은 창조주가 처음으로 창조하신 것이 빛이라는 뜻으로 해석된다. 그러므로 빛은 모든 것의 원초原初요 생명의 근원임을 말해준다고 하겠다. 그밖에 여러 신화에서도 알[卵]에 빛이 비쳐 국조國祖가 태어났다고 기록하고 있다. 두말할 나위도 없이 빛이 없으면 생명이 잉태되지도 않고 자라지도 못한다.

또한 빛이 있어야 색감을 느낄 수 있다. 사람의 눈이 빛을 받으면 밝음과 어두움, 그리고 다양한 색의 감각이 생긴다. 이는 우리의 시신경을 이루고 있는 세포 속에 원추체와 간상체가 있어 명암과 색채를 분별해주기 때문이다. 마치 우리가 프리즘을 통해 다양한 빛으로 굴절되는 빛을 보는 것과도 같은 작용인 것이다.

사람은 제각기 자기 나름의 고유한 색채를 지니고 있고, 그것이 성격을 지배하기도 하며 또한 사람의 눈은 색채에 의하여 여러가지 감정을 갖게도 된다. 예컨대 붉은 계통의 색채로부터 우리는 따뜻하고 정열적인 느낌을 받고, 파란 계열의 색으로부터는 차고 침착한 느낌을 받는다. 또한 밝은 색채에 대해서는 쾌활한 감정을, 어두운 색으로부터는 우울한 감정을 지니게 된다. 이런 느낌은 심리적인 것이어서 각자의 주관 여하에 따라서도 조금씩 다르기는 하겠지만 색채의 조화와 채색의 문제를 다루는 경우에는 많은 사람을 상대로 하여 색감을 원용하여 건강과 성격, 앞날의 전망 등을 가늠해 볼 수도 있을 것이다.

물론 색채라는 대상으로부터 자각하는 사람의 감정적인 표상성表象性은 개인적인 주관에 따른 것이기 때문에 이를 구상화하기란 용이한 작업이 아닐 것이다.

저자는 미술학도 시절부터 이에 대한 관심을 보여오다가 그 옹근 표상을 위해 시에도 관심을 갖기에 이르렀다고 본다. 아마도 '시화무이(詩畵無異 또는 無二)'라고 여겼기 때문이리라. 하지만 그도 모자라 '아포리즘(aphorism)'으로 치닫기도 했고, 급기야는 붓을 꺾고 신학교에 들어가 종교 또는 철학을 통해 어떤 해답을 얻으려고 했던 것 같다.

그런 내공(內攻)의 기간이 꽤나 오래갔던 것으로 알고 있다. 그러다가 최근에 이르러 '색채학'과 '컬러테라피'에 빠져들더니, 드디어 이 책을 상재하기에 이른 것이다.

이 저서를 집필하면서도 내공의 과정을 어떻게 표현하느냐는 문제로 고민하는 것 같기도 했다.

딴은 언어로써 스스로의 감정을 표현하는 일이란 결코 용이한 일이 아니다. 저자도 나에게 "말로서 표현하라면 그런대로 좀 나타낼 수 있겠는데, 글로 쓰려면 여간 힘들지 않다"고 이따금 호소하기도 한다. 물론 그렇다. 언어란 각각의 사물에 주어진 부호(이름)에 지나지 않은 것이다. 우리의 이름이 곧 우리 자신이 아닌 것처럼, 사물에 주어진 이름(부호)이 사물 그것이 아니기 때문이다. 사물에 대신하는 부호로써 사물 그것의 싱싱한 생명감이나 색감·색정 등 우리의 가슴에 살아 있는 감정의 오묘한 움직임을 나타내 살아 있는 감정의 오묘한 움직임을 나타내 보이게 하는 일이란 무척이나 어려운 작업임에 틀림 없다. 나 역시 이게 과연 가능한 일일까 하고 자문해 보곤 하는 안타까운 질문이기도 하다.

저자는 그런 질문에 앞서 '이 몸이 나인가?' 라는 존재론적 물음부터 던지면서 '컬러와 우리 몸, 그리고 본원적이고 본능적인 문제로까지 이어가고 있다. '색'은 빛깔이기도 하지만 '색을 안다'는 것은 성의 오르가즘을 제대로 안다는 뜻이기도 하니 말이다. 그리고는 색이 성격을 가름하고, 색이 건강에 미치는 영향, 사랑 소통방식과 성에 대한 영혼의 욕구, 더 나아가 에너지 균형 잡기, 각 색채의 속성 등을 메타포를 곁들인 아포리즘 표현으로 잘 갈무리하고 있다.

흔히 색채론이 지루한 이론의 난삽한 전개에 그치는 경우가 대부분인데, 이 저서는 정말 선구적이고 선험적이고 이색적이다. 놀랍다. 그리고 용감하다. 얼핏 좀 노골적이고 '색적'인 듯하면서도 함축미가 있다. 어떤 대문은 마치 잠언을 읽을 때처럼 무릎을 치고도 싶어진다. 이는 그동안의 고뇌와 끈질긴 내공의 결실이라고 여겨진다. 혹 너무 지나치다는 비판을 받을는지도 모르지만, 오히려 진솔하다고 여기고 싶다.

그동안 뭔가 갇혀진 '알' 안에 스스로 갇혀 있었다고 느껴 왔다는 저자가 이제 그 '알'에서 탈각하는 첫 작업이 아닌가 싶기도 하다.

좀더 정진하여 우리의 삶을 보다 밝고, 아름답고, 진실되며, 풍요롭게 해 줄 수 있는, '지식'아닌 '지혜'를 알려주는 작업을, '알'처럼 본원적이고 원만하며 옹글게 해나가기를 바라마지 않는다. 그리하여 보다 소중한 '알' 갱이와 '알' 맹이를 얻게되기를 또한 기구한다.

전규태
시인, 문학평론가
여행작가 회의 회장

- 연세대 국문과 및 동대학원 졸, 문학박사
- 동아일보 신춘문예로 등단
- 연세대 국문과 교수 역임
- 하버드대 옌칭 교수
- 컬럼비아대·시드니대 교환 교수
- 호주국립대 교수로 5년 봉직(한국학 강의)

■
인　　쇄　2013년 10월 5일
발　　행　2013년 10월 15일

■
지은이　우　선
펴낸이　서정환
펴낸곳　신아출판사

■
등　　록　1984년 8월 17일
주　　소　전주시 완산구 공북1길 16
전　　화　(063) 275-4000
e-mail　sina321@hanmail.net

* 저자와 협의하여 인지는 생략합니다.
* 잘못된 책은 바꿔드립니다.

ISBN 979-11-5605-008-7 03100
값 23,000원

이 도서의 국립중앙도서관 출판시도서목록(CIP)은 서지정보유통지원시스템 홈페이지(http://seoji.nl.go.kr)와 국가자료공동목록시스템(http://www.nl.go.kr/kolisnet)에서 이용하실 수 있습니다.
(CIP제어번호: 2013020094)